中国天然气进口空间格局演进与优化路径研究

ZHONGGUO TIANRANQI JINKOU KONGJIAN
GEJU YANJIN YU YOUHUA LUJING YANJIU

孙聆轩 ◎ 著

四川大学出版社

项目策划：孙明丽
责任编辑：孙明丽
责任校对：许　奕
封面设计：璞信文化
责任印制：王　炜

图书在版编目（CIP）数据

中国天然气进口空间格局演进及优化路径研究 / 孙聆轩著． 一 成都：四川大学出版社，2021.9
ISBN 978-7-5690-3195-9

Ⅰ．①中… Ⅱ．①孙… Ⅲ．①天然气－进口贸易－研究－中国 Ⅳ．①F752.654.1

中国版本图书馆 CIP 数据核字（2019）第 260706 号

书名	中国天然气进口空间格局演进及优化路径研究
著　　者	孙聆轩
出　　版	四川大学出版社
地　　址	成都市一环路南一段 24 号（610065）
发　　行	四川大学出版社
书　　号	ISBN 978-7-5690-3195-9
印前制作	四川胜翔数码印务设计有限公司
印　　刷	郫县犀浦印刷厂
成品尺寸	148mm×210mm
印　　张	5
字　　数	132 千字
版　　次	2021 年 9 月第 1 版
印　　次	2021 年 9 月第 1 次印刷
定　　价	39.00 元

版权所有 ◆ 侵权必究

◆ 读者邮购本书，请与本社发行科联系。
　电话：(028)85408408/(028)85401670/
　(028)86408023　邮政编码：610065
◆ 本社图书如有印装质量问题，请寄回出版社调换。
◆ 网址：http://press.scu.edu.cn

四川大学出版社
微信公众号

目 录

1 世界天然气供求格局 …………………………（ 1 ）
  1.1 世界天然气生产格局 ……………………（ 1 ）
  1.2 世界天然气消费格局 ……………………（ 8 ）
2 中国天然气进口现状 …………………………（ 14 ）
  2.1 中国管道天然气进口情况 ………………（ 14 ）
  2.2 中国液化天然气进口情况 ………………（ 15 ）
3 中国天然气生产、消费、进口的关联效应 …（ 18 ）
  3.1 变量及数据说明 …………………………（ 18 ）
  3.2 VAR 模型构建 ……………………………（ 19 ）
  3.3 天然气生产、消费、进口的波及诱发效应的实证分析
     ………………………………………………（ 23 ）
  3.4 方差分解 …………………………………（ 28 ）
  3.5 结论及建议 ………………………………（ 31 ）
4 中国进口液化天然气需求价格弹性的实证分析 ………（ 34 ）
  4.1 中国进口液化天然气需求价格弹性理论 …………（ 34 ）
  4.2 中国进口液化天然气需求价格弹性模型的构建及结果
     ………………………………………………（ 35 ）
  4.3 中国进口液化天然气需求价格弹性模型结果分析
     ………………………………………………（ 37 ）

5 中国天然气进口市场集中度测算及分析 (47)
5.1 中国天然气进口市场集中度测算方法介绍 (47)
5.2 中国天然气进口市场集中度测算 (48)
5.3 中国天然气进口市场集中度分析 (49)
5.4 中国天然气进口市场集中度风险分析 (51)

6 中国对天然气进口来源国的依赖度分析 (52)
6.1 天然气进口来源国的依赖度理论介绍 (52)
6.2 中国对天然气进口来源国的依赖度测算 (54)

7 中国天然气进口来源安全评估 (62)
7.1 天然气进口来源安全的含义 (62)
7.2 中国天然气进口来源地及存在的问题 (64)
7.3 中国天然气进口来源安全评估 (66)

8 "一带一路"倡议下中国天然气贸易现状、问题及对策 (78)
8.1 "一带一路"倡议下中国天然气贸易现状 (78)
8.2 "一带一路"倡议下中国天然气贸易问题 (86)
8.3 "一带一路"倡议下中国天然气贸易对策 (90)

9 中国从中亚进口管道天然气的现状、问题及对策探讨 (93)
9.1 中国—中亚天然气贸易概况 (93)
9.2 中国从中亚进口管道天然气存在的问题 (95)
9.3 促进中国—中亚管道天然气贸易的对策 (103)

10 中美天然气贸易现状、问题及对策 (111)
10.1 中美天然气贸易现状 (111)
10.2 中美天然气贸易存在的问题 (115)
10.3 促进中美天然气贸易的对策 (118)

11 中国开发北极天然气的前景展望 (123)
11.1 北极天然气开发现状及问题 (123)

11.2 中国开发北极天然气的必要性及可行性……………（130）
11.3 中国开发北极天然气的制约因素…………………（131）
11.4 促进中国开发北极天然气的对策…………………（133）
12 中国天然气进口空间格局评估及优化路径……………（137）
12.1 中国天然气进口空间格局评估指标………………（137）
12.2 中国天然气进口市场结构评估……………………（140）
12.3 中国天然气进口市场结构优化路径探讨…………（143）
参考文献……………………………………………………（146）

1 世界天然气供求格局

1.1 世界天然气生产格局

1.1.1 世界天然气产量变化特征

总体来看,除了1997年和2009年的产量因为受全球金融危机的影响有小幅度下降以外,世界天然气产量一直呈现快速增长趋势。世界天然气产量自1970年的9758亿立方米上升到2017年的36803.8亿立方米,2017年世界天然气产量与1970年相比,共增加了27045.8亿立方米,增长了2.8倍。如图1.1所示,从长时间序列来看,世界天然气产量呈现以下几个阶段性特点。

第一阶段为1970—1983年,天然气产量增长速度较快,年均增速为3.2%,从9758亿立方米增长至14699亿立方米。其中由于西西伯利亚的几个特大气田先后投入开发,苏联天然气产量迅速增加。世界输气管网等基础设施的大力建设,使得世界天然气产量迅速增长。

第二阶段为1984—1994年,天然气产量保持缓慢增长趋势。1984—1991年,尽管苏联海上天然气资源丰富,但由于勘探开采技术仍处于初期,天然气产量增加缓慢。1991年年底苏联解体,其经济不稳定,天然气产量显著下滑。其间由于天然气勘探开采难度不断增大,天然气生产成本增加,且美国政府实行井口价格,生产商亏损,美国天然气产量下降。

第三阶段为 1995—2008 年,天然气产量增速较快,其产量在 13 年间增长了近 10000 亿立方米。随着苏联解体,俄罗斯的天然气工业进入了调整、重组和市场化改革阶段,经过调整和改革,俄罗斯天然气产量恢复增长,世界天然气产量也快速增长。

第四阶段为 2009 年至今,受全球经济危机的影响,世界天然气产量增速放缓。受 2009 年页岩气革命的影响,美国天然气产量大幅增加并超过俄罗斯成为世界第一大生产国。世界天然气产量仍保持持续上升趋势,预计今后天然气产量还将继续保持增长的态势。

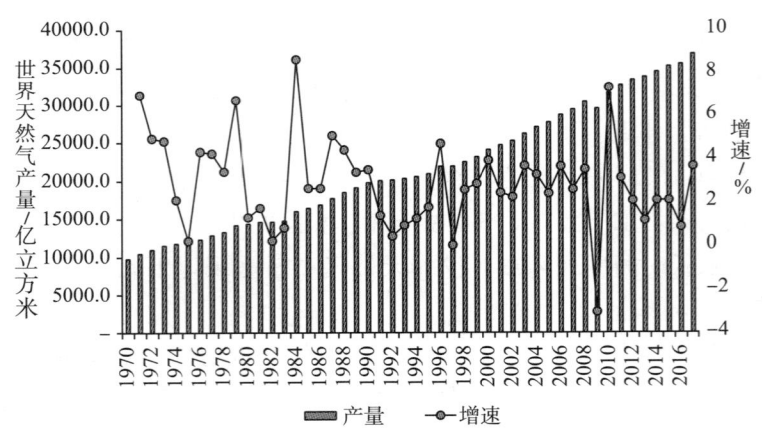

图 1.1 1970—2016 年世界天然气产量和增速变化

1.1.2 大区尺度的世界天然气产量格局与变化

为了便于从大区尺度对天然气产量的分布特征进行分析,根据《BP 世界能源统计年鉴 2018》公布的统计划分标准,研究者将世界天然气大区分为北美洲、中南美洲、欧洲、独联体国家、中东地区、非洲、亚太地区七个区域。总体来看，世界各区域天然气产量均呈上升趋势，但由于各地区资源禀赋、天然气勘探开发技术等不同，各区域的天然气产量增量也有差异，见表1.1，且世界天然气生产呈现西移的态势。从产量的分布来看，北美洲一直是世界天然气产量最大的地区。2017年北美洲天然气产量为9515亿立方米，占世界天然气产量的25.9%，居第一位。其次为独联体国家，产量为8155亿立方米，占世界天然气产量的22.2%。中东天然气产量为6599亿立方米（17.9%），亚太地区产量为6075亿立方米（16.5%），欧洲产量为2419亿立方米（6.6%），非洲产量为2250亿立方米（6.1%）。中南美洲产量为1790亿立方米，仅占世界天然气产量比重的4.9%。

表1.1 1970—2017年世界各大区天然气产量、占比变化

（单位：亿立方米，%）

地区	1970年		1980年		1990年		2000年		2010年		2017年	
	产量	占比	产量	占比	产量	占比	产量	占比	产量	占比	产量	占比
北美洲	6365	65.2	6210	43.5	6130	31	7283	30.3	7760	24.5	9515	25.9
中南美洲	187	1.9	353	2.5	603	3.1	1030	4.3	1630	5.2	1790	4.9
欧洲	1050	10.7	2300	16.1	2160	10.9	2940	12.2	2900	9.1	2419	6.6
独联体国家	1880	19.2	4120	28.8	7640	38.7	6670	27.5	7560	23.9	8155	22.2
中东地区	105	1.1	344	2.4	1020	5.2	2070	8.6	4820	15.2	6599	17.9
非洲	30	0.3	248	1.7	722	3.7	1350	5.6	2060	6.5	2250	6.1
亚太地区	151	1.5	719	5.0	1490	7.6	2770	11.5	4970	15.7	6075	16.5

从1970年到2017年，北美洲天然气总产量多年居世界第一，但北美洲天然气产量在世界天然气产量中的占比呈不断下降趋势，从1970年的6365亿立方米，占世界总量的65.2%，到2017年的9515亿立方米，占世界总量的25.9%，在世界总量占比中下降了近40个百分点。

中南美洲天然气产量一直保持持续稳定的增长趋势，其天然气在世界总量的比重从 1970 年的 1.9% 上升到 2017 年的 4.9%。

欧洲天然气产量呈先上升后下降的趋势。1970 年到 2006 年，其天然气在世界总量中的占比一直维持在 10% 以上，1976 年达到 47 年间最高占比 17.39%。2006 年后其天然气产量在世界总产量中的占比不断下降。

独联体国家天然气产量呈先上升后下降再上升的趋势。在 1991 年到 1997 年间，由于苏联解体，受国内经济困难、天然气出口通道不畅、地缘政治等因素影响，天然气实际产量大幅下降。2017 年独联体国家天然气产量占世界总产量的 22.2%，仅次于北美洲地区，该地区的资源禀赋优势显著，具有产量增加潜力。

中东地区天然气产量一直呈现快速上升态势，从 1970 年的 105 亿立方米，占世界总量的 1.1%，增长到 2017 年的 6599 亿立方米，占世界总量的 17.9%，其天然气产量在 2017 年间位于世界第三。

非洲地区天然气产量自 1970 年到 2017 年从 30 亿立方米增加到 2250 亿立方米，保持稳步增长趋势。非洲天然气产量占比也保持稳步上升趋势，从 1970 年的 0.3% 增长到 2017 年的 6.1%。

亚太地区天然气产量占比从 1970 年的 1.5% 提高到 2017 年的 16.5%，亚太地区总产量呈稳步上升趋势。

1.1.3 国家尺度的天然气产量分布格局及变化

全球天然气产量最大的国家是美国，2017 年产量为 7345 亿立方米。2017 年产量超过 1000 亿立方米的国家有 9 个，分别是美国、俄罗斯、伊朗、加拿大、卡塔尔、中国、挪威、澳大利亚和沙特阿拉伯，见表1.2。

表1.2　2017年天然气产量超过300亿立方米的国家

（单位：亿立方米）

天然气产量	国家
>3000	美国（7345）、俄罗斯（6356）
1000~3000	伊朗（2239）、加拿大（1763）、卡塔尔（1757）、中国（1482）、挪威（1232）、澳大利亚（1135）、沙特阿拉伯（1114）
400~1000	阿尔及利亚（912）、马来西亚（784）、印度尼西亚（680）、土库曼斯坦（620）、乌兹别克斯坦（534）、埃及（490）、尼日利亚（472）、英国（419）、墨西哥（407）
300~400	泰国（387）、委内瑞拉（374）、阿根廷（371）、荷兰（366）、巴基斯坦（347）、特立尼达和多巴哥（338）、阿曼（323）

美国是北美洲主要的天然气生产国，也是目前世界天然气产量最大的国家。2017年美国天然气产量占北美洲总产量的77.19%，占世界总产量的19.96%。2009年后，美国开采技术不断提高，开始大规模开发页岩气，其天然气产量迅速增加，并超过俄罗斯成为世界最大的天然气生产国。美国非常规天然气特别是页岩气的大规模开采，促进了其在能源结构和能源战略方面的进一步调整。非常规天然气的开发利用影响了全球能源市场和能源贸易格局，也加快了世界能源结构的优化调整。加拿大是北美洲天然气的第二大生产国，占本区域总产量的18.53%，并且是目前世界天然气第四大生产国，占世界总产量的4.79%。

俄罗斯是独联体国家中天然气产量最多的国家，仅次于美国，位居世界第二，其产量保持稳定增长趋势。2017年俄罗斯天然气产量占世界总产量的17.27%。

伊朗、卡塔尔是中东地区生产天然气的两个主要国家，两国从1970年到2017年间一直是世界天然气产量增长较快的国家，其中伊朗在2006年到2016年的产量年均增长率最高。

中国2017年天然气产量为1492亿立方米，占世界比重的4.05%，在世界主要天然气生产国家中位于第六位。但自2014年以来，受世界经济增速放缓以及天然气价格下降等因素的影响，中国天然气产量增速放缓，这在一定程度上反映了中国资源禀赋分布不平衡、天然气开发难度大以及中国天然气生产抗风险能力较弱的问题，预计中国常规天然气的产量保持持续快速增长趋势的难度较大。

表1.3 主要国家天然气产量及在世界的占比

（单位：亿立方米，%）

国家	1970年		1980年		1990年		2000年		2010年		2017年	
	产量	占比	产量	占比	产量	占比	产量	占比	产量	占比	产量	占比
美国	5715	58.56	5251	36.73	4834	24.46	5186	21.56	5752	18.15	7345	19.96
俄罗斯					5996	30.34	5371	22.33	5984	18.88	6356	17.27
伊朗	36	0.37	47	0.33	258	1.30	588	2.44	1501	4.74	2239	6.08
加拿大	540	5.54	712	4.98	1034	5.23	1763	7.33	1496	4.72	1763	4.79
卡塔尔	10	0.11	49	0.34	65	0.33	258	1.07	1239	3.91	1757	4.77
中国	29	0.30	144	1.01	154	0.78	274	1.14	965	3.05	1492	4.05
挪威			249	1.74	253	1.28	494	2.05	1064	3.36	1232	3.35
澳大利亚	17	0.18	111	0.77	206	1.04	312	1.30	540	1.70	1135	3.08
沙特阿拉伯	15	0.16	92	0.65	318	1.61	473	1.97	833	2.63	1114	3.03
阿尔及利亚	24	0.25	154	1.08	517	2.61	919	3.82	774	2.44	912	2.48
马来西亚			26	0.18	180	0.91	497	2.07	676	2.13	784	2.13
印度尼西亚	13	0.13	188	1.31	445	2.25	707	2.94	870	2.75	680	1.85
土库曼斯坦					831	4.20	415	1.72	443	1.40	620	1.69
阿联酋	8	0.08	73	0.51	196	0.99	374	1.56	500	1.58	604	1.64

续表1.3

国家	1970年		1980年		1990年		2000年		2010年		2017年	
	产量	占比	产量	占比	产量	占比	产量	占比	产量	占比	产量	占比
乌兹别克斯坦					386	1.95	534	2.22	569	1.80	534	1.45
埃及	1	0.01	21	0.15	78	0.39	202	0.84	590	1.86	490	1.33

数据来源：《BP世界能源统计年鉴2018》

1.1.4 世界天然气供应趋势的主要特点

（1）世界非常规天然气的开发主要集中在北美洲地区。美国在非常规天然气开发中将继续保持绝对的领导地位，其页岩气和致密气产量都有显著提高。

（2）独联体国家争夺亚欧市场，俄罗斯供应增速滞后。受区域内需求增长迟缓、欧洲天然气进口需求有限、向亚洲的天然气出口缺乏天然气管线基础设施等因素的限制，独联体国家尽管有很高的生产潜力，其天然气产量增长也不明显。

（3）欧洲是产量下行的地区。预计欧洲天然气产量将继续下降。似乎没有增长因素可以抵消欧洲天然气产量的下行趋势：荷兰天然气产量加速下跌，挪威供应量增长有限，英国和波兰的页岩气产量预计仅数十亿立方米。产量下降意味着欧洲地区的天然气供应将更多地依赖进口。

（4）伊朗和伊拉克是未来中东地区天然气供应量增长的主要国家，主要满足区域内需求。虽然中东地区是全球天然气产量增长最快的地区之一，但仍不足以弥补区域内增长的需求，从而导致地区天然气总出口量持续走低。

（5）非洲、拉美表现出相对强劲的增长势头。非洲天然气产量增长可能会越来越多地依赖非洲南部、西部和东部地区；拉美的天然气产量增长或将主要来自阿根廷、巴西和智利等国非常规

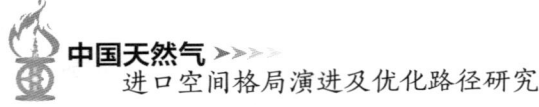

天然气资源的开采和开发。

1.2 世界天然气消费格局

1.2.1 世界天然气消费量变化特征

随着世界能源结构向着绿色、低碳经济加速转型,世界天然气的消费量逐年增加,在一次能源消费总量中所占的比重呈逐年上升趋势。

根据天然气消费总量的增速变化,世界天然气消费变化呈现以下特点。

第一阶段为1965—1983年,天然气市场处于快速发展时期,天然气消费量迅速上升,年均增速为4.8%。1963年美国政府制定了《清洁空气法》,进一步推动了美国能源消费结构的调整,使得天然气消费在一次能源结构的比重不断上升,天然气消费迅速提升。

第二阶段为1984—1998年,受苏联解体影响,该区域经济不稳定、资金缺乏及地缘政治等因素导致消费量下降,世界天然气消费量呈现缓慢增长态势。东欧国家天然气消费量1997年再次下降,受暖冬的影响,经合组织国家消费普遍疲软。

第三阶段为1999—2008年。1999年后俄罗斯天然气消费趋于稳定,且进入21世纪以来,新兴经济体崛起,其成为世界经济增长的主要动力,同时亚太地区发展中国家经济发展迅速,其对天然气消费需求呈快速上升趋势,所以此阶段世界天然气消费呈快速增长态势。

第四阶段为2009年至今。2009年全球金融危机蔓延,给世界经济带来了严重影响,世界天然气消费量比2008年下降了843.45亿立方米。2009年之后受世界经济走出低谷和冬季气温偏低等多种因素的影响，世界天然气消费量 2010 年强势反弹并保持稳定上升趋势。

随着世界各国能源结构向着绿色、低碳逐步推进，天然气和可再生能源等清洁能源的消费量得到了迅速增加，在一次能源消费中的比重不断上升，而石油和煤炭消费占比呈下降趋势。其中天然气消费量由 2000 年的 2.41 万亿立方米增加到 2017 年的 3.67 万亿立方米，在一次能源消费中的比重也逐渐增加至 23.4%。据预测，到 2040 年天然气在一次能源消费中的比重将达到 25%~26%，与石油和煤炭相当。天然气在全球能源消费结构向绿色、低碳转型过程中起到了重要作用。

1.2.2 世界天然气消费量的区域格局

1.2.2.1 按经济发展程度划分的区域

按照经济发展程度，将世界各国分为经济合作与发展组织（OECD）和非经济合作与发展组织（非 OECD）。据 BP 统计，OECD 国家 1965 年天然气消费量为 4716 亿立方米，到 2017 年增长到 16776 亿立方米。OECD 国家的消费量虽在增加，但其在世界天然气消费量中的比重却呈现下降趋势，从 1965 年的 74.8% 下降到 2017 年的 45.7%。而非 OECD 国家消费量却呈现快速增长趋势，天然气消费量从 1965 年的 1590 亿立方米上升至 2017 年的 19928 亿立方米，2017 年占世界比重的 54.3%，高于 OECD 国家消费量。2006 年，非 OECD 国家天然气消费量第一次超过 OECD 国家，且差距逐年扩大，2017 年非 OECD 国家天然气消费量比 OECD 国家多了 3152 亿立方米。

1.2.2.2 从自然区域划分

从消费区域来看，北美洲天然气消费量最大，2017 年消费量为 9428 亿立方米,占世界总消费量比重的 25.7%;亚太地区天然气消费量居世界第二位,为 7696 亿立方米,占比 21.0%;独联体国家天然气消费量居世界第三位,为 5746 亿立方米,占世界比重的 15.7%;中东地区和欧洲天然气消费量分别为 5365 亿立方米、5317 亿立方米,在世界天然气总消费量中的占比分别为 14.6% 和 14.5%。

从自然区域角度,全球可划分为北美洲、中南美洲、欧洲、独联体国家、中东地区、非洲和亚太地区七大区域。1965 到 2017 年间,除亚太地区、中东地区、非洲和中南美洲的天然气消费量总体呈增长态势之外,独联体国家、欧洲以及北美洲天然气消费量都有不同幅度的下降,见图 1.2。欧洲随着工业化的完成,经济增长速度放缓,其天然气消费量增速也随之放缓,但总量在 2009 年以前仍然位于世界第三。北美洲页岩气开采技术不断提高,大规模的页岩气开发拉低了天然气价格,提高了能源自给能力,北美洲充足的天然气供应促进了消费需求的迅速增长。亚太地区多为发展中国家,由印度、中国和其他亚洲国家驱动,亚洲能源需求量快速增长,其天然气消费量在 2010 年超过欧洲,在 2011 年超过独联体国家,是目前除了北美洲之外最大的天然气消费区域。亚太地区经济快速发展,增加了各国对天然气的消费需求,且亚太地区的增量是各大区域中最大的,成为世界天然气消费的主要驱动力。根据国际能源署 IEA 预测,以后几年世界天然气消费需求大部分将来自发展中国家。

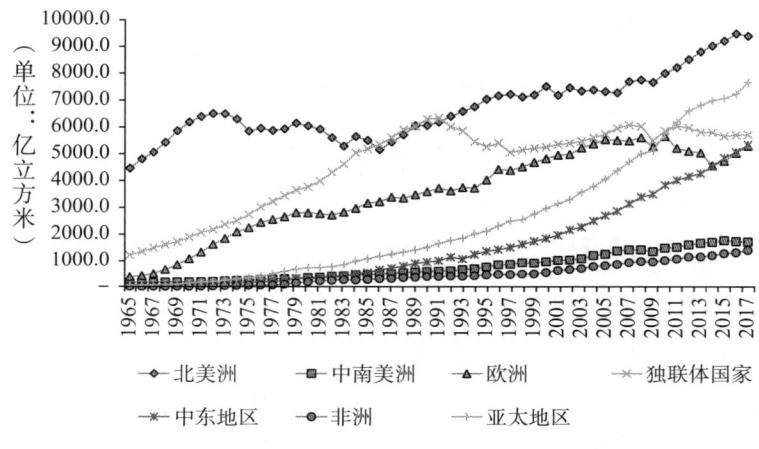

图 1.2　1965—2017 年世界各大区天然气消费量

1.2.3　国家尺度的天然气消费量分布格局及变化

2017 年世界天然气消费量超过 700 亿立方米的国家有 12 个，分别为美国、俄罗斯、中国、伊朗、日本、加拿大、沙特阿拉伯、德国、墨西哥、英国、阿联酋、意大利，这 12 个国家天然气消费量之和在全球消费总量中所占的比重达到了 64.4%。其中，美国和俄罗斯天然气消费量位居世界第一和第二，分别为 7395 亿立方米和 4248 亿立方米，消费比重分别为 20.15% 和 11.57%，两国的天然气消费量之和约占了全球消费量的三分之一。

表1.4 主要国家天然气消费量及在世界的占比

(单位：亿立方米,%)

国家	1970年 消费量	占比	1980年 消费量	占比	1990年 消费量	占比	2000年 消费量	占比	2010年 消费量	占比	2017年 消费量	占比
美国	5749	59.79	5337	37.49	5171	26.53	6284	26.16	6482	20.41	7395	20.15
俄罗斯					4142	21.26	3662	15.25	4226	13.31	4248	11.57
中国	29	0.30	144	1.01	154	0.79	247	1.03	1089	3.43	2404	6.55
伊朗	27	0.28	47	0.33	238	1.22	620	2.58	1506	4.74	2144	5.84
日本	36	0.37	252	1.77	503	2.58	757	3.15	989	3.11	1171	3.19
加拿大	346	3.60	497	3.49	638	3.27	892	3.71	887	2.79	1157	3.15
沙特阿拉伯	15	0.16	92	0.65	318	1.63	473	1.97	833	2.62	1114	3.04
德国	160	1.66	611	4.29	638	3.27	829	3.45	881	2.77	902	2.46
墨西哥	100	1.04	223	1.57	268	1.38	359	1.50	660	2.08	876	2.39
英国	118	1.23	469	3.29	549	2.82	1014	4.22	985	3.10	788	2.15
阿联酋	8	0.09	48	0.34	165	0.85	306	1.28	593	1.87	722	1.97
意大利	122	1.27	262	1.84	454	2.33	679	2.83	797	2.51	721	1.96

数据来源：《BP世界能源统计年鉴2018》

1.2.4 世界天然气需求趋势的主要特点

(1) 天然气需求增长主要来自非OECD国家。全球天然气需求大部分的增量将来自非OECD国家。

(2) 中国仍然是全球天然气需求增速较快的国家。未来几年中国环境因素导致的运输、发电及工业部门天然气需求量增长有利于弥补经济增速放缓带来的负面影响。

(3) 独联体国家和欧洲非OECD国家的需求量较为稳定。除俄罗斯和欧洲非OECD国家外，其他地区需求增速呈现较高态势。

（4）中国和美国成为运输业天然气需求量增长的主要推动力。未来几年，运输部门的天然气需求量将上涨，而石油需求量将下滑。其他地区和国家因天然气供应短缺或价格等因素致使天然气在运输业的运用推广受到制约。

2 中国天然气进口现状

2.1 中国管道天然气进口情况

2.1.1 进口规模

作为最大的能源消费国,中国天然气需求量逐年增加,2012年对外依存度达到29%,比上年增长5个百分点。由于中国国内资源有限,满足不了不断增长的需求,因此,中国天然气的对外依存度逐年提高。在天然气需求高速增长的推动下,中国在2007年成为天然气净进口国。

伴随着中亚管道气进口能力的进一步增强,2019年,中国管道天然气进口3631万吨,占天然气进口总量的37.6%。

中国输入管道天然气比欧洲晚了半个世纪,但是通过对比发现,中国管道气进口增长的速度却是非常快的。2006年至2009年,管道天然气进口量几乎为零,2009年中国首条中亚天然气管道建成并贯通,随着天然气骨干管网的逐步形成,管道天然气进口量也随之快速增长,进口量逐年增加。

2.1.2 中国管道天然气进口市场结构

中国管道天然气进口国则较少,仅有四个国家,但进口数量巨大。2010年,中国开始从土库曼斯坦进口管道天然气259万吨，2011年中国从土库曼斯坦进口管道天然气1036万吨。2012年乌兹别克斯坦开始向我国输送管道天然气11万吨。2013年缅甸和哈萨克斯坦分别向中国输送管道天然气15万吨和11万吨。据此可知，中国管道天然气主要来源国分别为土库曼斯坦、乌兹别克斯坦、缅甸、哈萨克斯坦。

2.2 中国液化天然气进口情况

2.2.1 中国液化天然气进口额

2017年，中国液化天然气进口量达到3809.3万吨，同比增长46.40%，占2017年天然气消费总量的22%，取代韩国成为世界第二大液化天然气进口国。2018年，全年天然气进口量中液化天然气进口量达5378万吨，同比增长41.18%。

2007—2014年中国液化天然气进口量以33.27%的年均增长率持续上升。2015年中国液化天然气进口量首次出现下降，较2014年减少了1.04%。这主要是受到2015年大环境的不利影响：全球经济不景气加上地区冲突不断升级，国际油价自2014年开始连续暴跌，液化天然气需求受到过低油价的压制，其价格随之降低，上游液化天然气项目投资被大面积搁置，外加世界范围内对全球经济的恐慌情绪不断扩散，液化天然气贸易计划被迫推迟。经过2015年的调整之后，2016—2017年间，中国以高达39.5%的年均增长率大幅提高液化天然气进口量。虽然2015年中国液化天然气进口量略有下降，但仍是2007年进口量的近7倍。

2.2.2 中国液化天然气进口价格

在亚洲市场，中长期液化天然气进口的定价机制与原油挂钩，且以日本的进口价格（与进口原油综合价格指数 JCC 挂钩）为基准，导致亚洲市场进口液化天然气的价格远高于欧美市场，造成了"亚洲溢价"。所以，中国不得不长期以高价从国际市场上采购液化天然气。

近十年来中国液化天然气单位进口价格波动明显。在 2007—2014 年期间，中国液化天然气进口单价整体呈上涨趋势，2014 年超过 600 美元/吨，达到最高点。2015 年液化天然气单价出现下跌，2016 年跌至 340 美元/吨，2017 年液化天然气每单位平均价格出现回升。

2.2.3 液化天然气进口来源国

如表 2.1 所示，中国液化天然气进口来源国从 2007 年的 6 个增加至 2017 年的 22 个。

表 2.1　2007—2017 年中国液化天然气进口来源国数量

年份（年）	数量（个）
2007	6
2008	7
2009	13
2010	12
2011	12
2012	12
2013	13
2014	17
2015	15
2016	17
2017	22

2 中国天然气进口现状

2017年中国从22个国家进口的液化天然气达到3809.3万吨，总价约147.5亿美元。如表2.2所示，中国2017年从澳大利亚累计进口液化天然气1726.7万吨，占2017年液化天然气总进口量的45.33%，达62.0亿美元；从卡塔尔进口748.2万吨，占19.64%，达33.5亿美元；从马来西亚进口421.2万吨，占11.05%，达14.6亿美元。

表2.2 2017年中国液化天然气自主要进口来源国进口总量及金额

国家	进口总量（万吨）	进口金额（亿美元）
澳大利亚	1726.7	62.0
卡塔尔	748.2	33.5
马来西亚	421.2	14.6
印度尼西亚	306.6	11.9
巴布亚新几内亚	209.9	9.0
其他	396.7	16.3

2007—2017年的十年期间，澳大利亚和卡塔尔依旧是中国最主要的液化天然气进口来源地，从这两个地区进口的液化天然气占液化天然气进口总量的比例达64.97%。同时，印度尼西亚和马来西亚对中国的液化天然气出口量也占据着较大的份额。此外，近年来美国对中国液化天然气的供应力度也在不断加强，而阿尔及利亚和埃及等地区的供应重要性却在降低。

3 中国天然气生产、消费、进口的关联效应

3.1 变量及数据说明

根据研究目的，本节选取天然气生产量（NGP）、天然气消费量（NGC）、天然气进口量（NGM）作为分析变量，以上三个变量的单位为亿立方米。中国从 2007 年开始成为天然气净进口国，并且最初进口规模相对有限，所以此处的样本观察期设定为 2008 年 1 月至 2015 年 12 月，共计 96 期。本节数据来源于 WIND 咨询系统。各变量波动趋势及描述性统计见表 3.1。在经济逐渐复苏、"煤改气"加快推进、替代能源价格上涨、政策利好的推动下，中国天然气消费在 2017 年达到 2352 亿立方米，同比增长 17.0%，增量超过 340 亿立方米，刷新了中国天然气消费增量历史，未来消费潜力预期不断增长。

页岩气、煤层气、煤制气等非常规天然气的不断发展提升了中国天然气生产能力，2017 年中国天然气产量达到 1476 亿立方米，同比增长 9.8%，未来天然气稳产增产潜力可观。中国天然气进口规模及依存度不断攀升，2017 年中国天然气进口量为 926 亿立方米，同比增长 24.4%，进口依存度升至 39.4%，液化天然气占比超过管道天然气，已形成西北、东北、西南和海上的全方位的进口空间格局。在观察期内，就整体规模而言，天然气消

费量最高，并在 2015 年 12 月达到 189.01 亿立方米；天然气生产规模次之，在 2015 年 12 月达到 124.7 亿立方米；而进口规模最低，在 2015 年 12 月达到 67.23 亿立方米。天然气消费规模与生产规模不断扩大的差距由不断增长的天然气进口来满足，因此天然气进口依存度也不断提升。就增长率而言，天然气消费、生产及进口总体保持上升态势，其中天然气消费的平均增长率为 5.66%，远高于天然气生产的平均增长率 0.92%，说明中国国内天然气生产增长水平难以满足快速增长的消费需求。就波动性而言，天然气消费的波动幅度比较大，标准差为 34.85，这是因为天然气消费具有较强的季节性，并且受政策驱动及宏观经济等多种不确定因素的影响。天然气消费、生产及进口基本呈现同向变动趋势，可以初步判定三者间具有较为明显的同向动态联动关系。

表 3.1　各变量描述性统计量　　（单位：亿立方米）

变量	观测数	中位数	最小值	最大值	均值	标准差	平均增长率
NGP	96	84.95	61.5	124.7	87.41	15.43	0.92%
NGC	96	111.91	13.13	189.01	112.16	34.85	5.66%
NGM	96	30.72	1.71	67.23	28.68	18.72	7.59%

3.2　VAR 模型构建

VAR 模型是将各内生变量与所有内生变量的滞后值组成回归方程，将多个内生变量的方程联系起来构建系统，在此系统下进行脉冲响应函数和方差分解，进而深入研究各内生变量间的关系。

依据 VAR 模型来分析天然气生产量（NGP）、天然气消费量（NGC）、天然气进口量（NGM）三者间的关系，具体数学方程表达如下：

$$NGP_t = C_1 + \beta_{11} NGP_{t-1} + \cdots + \beta_{1p} NGP_{t-p}$$
$$+ \gamma_{11} NGC_{t-1} + \cdots + \gamma_{1p} NGC_{t-p} + \delta_{11} NGM_{t-1}$$
$$+ \cdots + \delta_{1p} NGM_{t-p} + \varepsilon_{1t}$$

$$NGC_t = C_2 + \beta_{21} NGP_{t-1} + \cdots + \beta_{2p} NGP_{t-p}$$
$$+ \gamma_{21} NGC_{t-1} + \cdots + \gamma_{2p} NGC_{t-p} + \delta_{21} NGM_{t-1}$$
$$+ \cdots + \delta_{2p} NGM_{t-p} + \varepsilon_{2t}$$

$$NGM_t = C_3 + \beta_{31} NGP_{t-1} + \cdots + \beta_{3p} NGP_{t-p}$$
$$+ \gamma_{31} NGC_{t-1} + \cdots + \gamma_{3p} NGC_{t-p} + \delta_{31} NGM_{t-1}$$
$$+ \cdots + \delta_{3p} NGM_{t-p} + \varepsilon_{3t}$$

以上三个方程中等号左侧为内生变量，右侧为内生变量滞后项，C_1、C_2、C_3 为待估常数项，β_{ij}、γ_{ij}、δ_{ij}（$i=1:3$，$j=1:p$，$p \geq 1$）为待估系数，p 为 VAR 模型的滞后阶数，ε_{1t}、ε_{2t}、ε_{3t} 为白噪声序列。为剔除时间序列中季节变动要素以及偶然性因素，更加准确地表达变量发展的客观规律，所有时间序列均通过 TRAMO/SEATS 进行了季节性调整。

构建 VAR 模型的前提是平稳的时间序列变量。时间序列平稳性是指序列的统计规律不随时间的推移而发生变化，若未确定序列的平稳性直接构建 VAR 模型进行分析，则可能出现伪回归，导致依据 VAR 模型得出的结论不准确。因此，笔者运用计量经济学中常用的 ADF 检验方法来确定 NGP、NGC、NGM 三个变量时间序列的平稳性，检验结果见表 3.2。NGP、NGC、NGM 三个变量在 10% 检验水平下的临界值大都大于 t 检验值，拒绝了"存在单位根"的原假设，即 NGP、NGC、NGM 三个变量的时间序列均为平稳序列，可以构建 VAR 模型。

VAR 模型中的最优滞后阶数的确定至关重要，较多的滞后阶数会减少模型的自由度，而较少的滞后阶数不能完全反映模型的动态特征。由表 3.2 可知滞后阶数为 1 的检验结果中施瓦茨信息准则（SC）和汉南－奎因信息准则（HQ）达到最小检验值，滞后阶数为 2 的检验结果中最终预测误差（FPE）和赤池信息量准则（AIC）达到最小检验值。由于较多的滞后阶数有利于反映模型的动态特征，笔者经过多次反复尝试，选取 2 阶滞后阶数，即建立 VAR（2）模型。

模型的具体系数估计结果如下：

$$NGP_t = 23.33002 + 0.209924\, NGP_{t-1} + 0.345670\, NGP_{t-2}$$
$$+ 0.172115\, NGC_{t-1} - 0.057797\, NGC_{t-2}$$
$$- 0.092849\, NGM_{t-1} + 0.208988\, NGM_{t-2} + \varepsilon_{1t}$$

$$NGC_t = 56.08185 - 1.134517\, NGP_{t-1} + 1.084574\, NGP_{t-2}$$
$$+ 0.517607\, NGC_{t-1} - 0.341093\, NGC_{t-2}$$
$$+ 0.401228\, NGM_{t-1} + 1.075758\, NGM_{t-2} + \varepsilon_{2t}$$

$$NGM_t = -10.11621 + 0.270462\, NGP_{t-1} - 0.062169\, NGP_{t-2}$$
$$+ 0.034244\, NGC_{t-1} - 0.079742\, NGC_{t-2}$$
$$+ 0.496886\, NGM_{t-1} + 0.422171\, NGM_{t-2} + \varepsilon_{3t}$$

由表 3.2 可知，本次构建的向量自回归模型中大部分系数的估计值在 10% 水平下显著，尽管少数系数估计值不显著，但三个方程的 R^2 值分别为 0.952075、0.913006 和 0.969380，说明本次构建的 VAR 模型拟合效果好，具有良好的解释性。因此，笔者综合考虑后依然选取 2 阶滞后阶数。

表 3.2　回归模型系数估计值的 t－统计量

	NGP_{t-1}	NGP_{t-2}	NGC_{t-1}	NGC_{t-2}	NGM_{t-1}	NGM_{t-2}	C
NGP_t	0.91769	1.86808	2.26012	−1.29609	−0.72593	2.22781	3.65154
NGC_t	−1.49482	1.76659	2.04858	−2.30538	0.94548	3.45632	2.645600
NGM_t	1.10276	−0.31336	0.41941	−1.66783	3.62338	4.19744	−1.47678

为深入分析中国天然气生产量、天然气消费量、天然气进口量之间的因果作用关系，本实验在 VAR 模型下进行格兰杰因果关系检验，模型的滞后阶数即为因果关系检验的滞后阶数，具体结果如表 3.3 所示。在天然气产量方程中，单个变量及方程滞后项联合对天然气产量和天然气消费量的格兰杰因果检验均在 10% 水平下显著，即天然气消费、天然气进口以及二者的联合均为天然气产量的格兰杰因果关系。在天然气消费方程中，天然气产量不是天然气消费量的格兰杰原因，但天然气进口以及天然气进口和天然气产量的联合在 1% 显著水平下拒绝原假设，即天然气进口以及天然气产量和天然气进口的联合对天然气消费具有明显的格兰杰因果关系。在天然气进口量方程中，接受天然气产量、天然气消费量不是天然气进口量的格兰杰原因的原假设，但天然气产量和天然气消费量的联合对进口量具有明显的格兰杰因果关系。因此可得出我国天然气生产、天然气消费、天然气进口三者间具有相互影响的格兰杰因果关系，比较本次构建的 VAR 模型是合理的，初步确定三者之间具有一定程度的联动关系。

表 3.3　格兰杰因果关系检验

	原假设	卡方统计量	$Prob$	结果
NGP 方程	NGC 不是 NGP 的格兰杰原因	7.026342	0.0298	拒绝原假设
	NGM 不是 NGP 的格兰杰原因	5.035428	0.0806	拒绝原假设
	NGC 和 NGM 的联合不是 NGP 的格兰杰原因	25.17631	0.0001	拒绝原假设
NGC 方程	NGP 不是 NGC 的格兰杰原因	3.123126	0.2098	接受原假设
	NGM 不是 NGC 的格兰杰原因	19.33034	0.0001	拒绝原假设
	NGP 和 NGM 的联合不是 NGC 的格兰杰原因	48.78742	0.0001	拒绝原假设

续表3.3

	原假设	卡方统计量	$Prob$	结果
NGM方程	NGP 不是 NGM 的格兰杰原因	2.392474	0.3023	接受原假设
	NGC 不是 NGM 的格兰杰原因	3.016503	0.2213	接受原假设
	NGP 和 NGC 的联合不是 NGM 的格兰杰原因	12.44114	0.0144	拒绝原假设

3.3 天然气生产、消费、进口的波及诱发效应的实证分析

脉冲响应函数分析方法是指当模型受到某种冲击时，通过分析此冲击对系统的动态影响来解释各内生变量间的关系。利用脉冲响应函数可以清晰地刻画天然气生产、消费、进口三者之间动态关系的大小、时间、稳态趋势等响应情况及路径，具体结果见图 3.1～图 3.6。

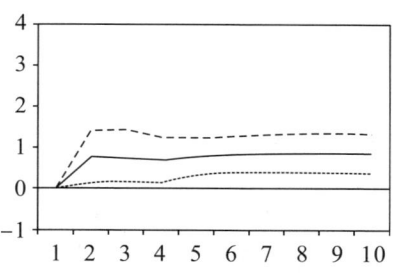

图 3.1 NGP 对 NGC 的脉冲响应

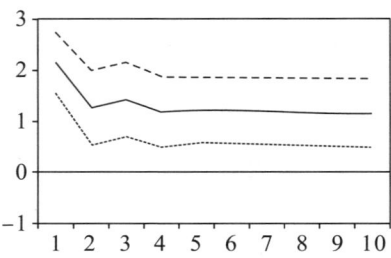

图 3.2 NGM 对 NGC 的脉冲响应

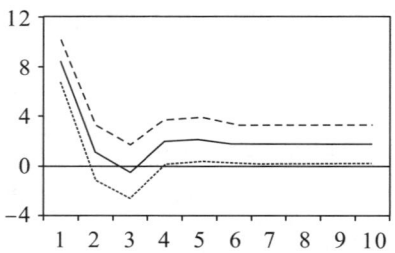

图 3.3 NGC 对 NGP 的脉冲响应

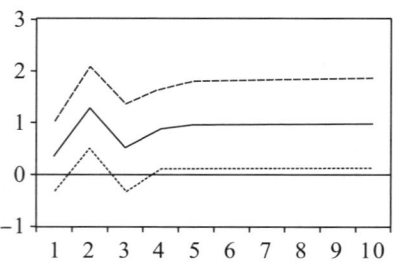

图 3.4 NGM 对 NGP 的脉冲响应

3 中国天然气生产、消费、进口的关联效应

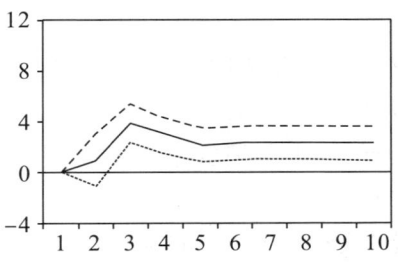

图 3.5　NGC 对 NGM 的脉冲响应

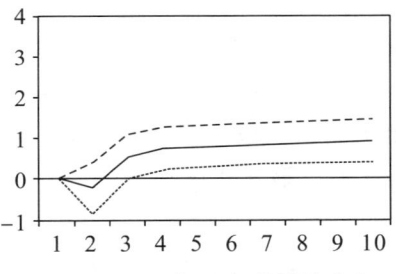

图 3.6　NGP 对 NGM 的脉冲响应

图 3.1 刻画了天然气产量对天然气消费冲击的响应路径，在本期给天然气消费一单位标准差的正向冲击，天然气产量的脉冲响应函数值在第 1 期从初始水平 0 开始快速增长，在第 2 期达到 0.764897，随后需经历 5 期的时间才能达到最大值 0.843311，并在 8、9、10 期内趋于平稳并维持在 0.84 左右。该结果表明：短期内天然气消费冲击对天然气生产带来正向拉动效应，但存在一定的滞后性，当消费需求增加时，天然气生产不能立即扩张，对天然气消费的满足具有时滞；长期内天然气消费冲击对天然气生产具有正向拉动效应并且基本保持稳定，天然气消费的增加可以有效拉动天然气生产的扩张。

图 3.2 刻画了天然气进口对天然气消费冲击的响应路径，在本期给天然气消费一单位标准差的正向冲击，天然气进口的脉冲响应函数值在第 1 期达到高峰值 2.156174，在第 2 期急剧下降

到 1.263391，第 3、4 期小幅波动后，从第 5 期开始趋于平稳并维持在 1.19 左右。该结果表明：短期内天然气消费冲击对天然气进口产生较高的正向拉动效应，天然气消费对天然气进口的刺激作用明显；长期内天然气消费冲击对天然气进口的正向拉动效应有所减弱。在天然气消费需求发生变动时，天然气进口可以立即对天然气消费的变动产生正向响应，及时快速地满足天然气消费需求，基于此特性，天然气进口可作为满足天然气消费需求波动的快速调节手段。

图 3.3 刻画了天然气消费对天然气产量冲击的响应路径，在本期给天然气产量一单位标准差的正向冲击，天然气消费的脉冲响应函数值在第 1 期达到最大值 8.479052，随后在第 2、3、4 期内上下波动，其中在第 3 期达到 -0.470799 的最低脉冲响应函数值，从第 4 期开始增长并趋于平稳，基本稳定在 1.76 左右。该结果表明：短期内天然气生产冲击对天然气消费可以较快地产生最大的正向推动效应，天然气产量增长可以明显推动天然气消费提高；长期内天然气生产对天然气消费虽具有正向推动作用，但效果减弱。值得注意的是，在滞后第 3 期天然气生产冲击对天然气消费呈现出小额度的负向效应，说明天然气生产增长在某阶段从某种程度上会抑制天然气消费。

图 3.4 刻画了天然气进口对天然气产量冲击的响应路径，在本期给天然气产量一单位标准差的正向冲击，天然气进口的脉冲响应函数值在第 1 期内为最小值 0.354056，第 2 期增长并达到最大值 1.294940，第 3、4 期内继续大幅上下波动，从第 5 期开始趋于稳定并维持在 0.97 左右。该结果表明：短期内天然气生产冲击对天然气进口产生正向促进效应，但此种正向促进效应波动比较剧烈；长期内天然气生产对天然气进口具有正向促进作用，并且效果基本稳定。

图 3.5 刻画了天然气消费对天然气进口冲击的响应路径，在

3 中国天然气生产、消费、进口的关联效应

本期给天然气进口一单位标准差的正向冲击,天然气消费的脉冲响应函数值在第1期从初始水平0开始快速增长,并在第3期达到最大值3.895454,第4、5期内较小幅度下降,在第5期达到2.183958,最后从第6期开始趋于平稳并维持在2.35左右。该结果表明:短期内天然气进口冲击对天然气消费产生正向促进效应,此效应虽然具有滞后性,但不断扩大,天然气进口对天然气消费的促进作用明显;长期内天然气进口冲击对天然气消费产生的正向促进效应有所减弱,天然气进口可以持续稳定地发挥对天然气消费的促进作用。

图3.6刻画了天然气生产对天然气进口冲击的响应路径,在本期给天然气进口一单位标准差的正向冲击,天然气产量的脉冲响应函数值在初期为0,第2期达到最低值-0.227743,并从第3期开始增长,最后从第7期趋于平稳并保持在0.9左右。该结果表明:短期内天然气进口冲击对天然气生产带来负向效应,说明天然气进口对天然气生产具有替代作用,天然气进口增长会对天然气产量产生微弱的抑制作用;长期内天然气进口冲击对天然气生产具有正向拉动效应,天然气进口的增加有利于国内天然气的生产扩大。

结合图3.1~图3.6综合分析可以得出以下结论:

(1) 除NGC对NGP、NGP对NGM的脉冲响应在某期出现小额的负效应外,短期内天然气消费、生产及进口三者之间均具有明显的正向联动作用,长期内天然气消费、生产及进口三者之间的正向联动作用保持稳定。

(2) 在当前天然气消费需求增长潜力较大的背景下,可通过天然气生产稳定扩张和天然气进口适当增加来推动天然气消费增长,而天然气消费需求增加也可以正向拉动天然气生产扩张并促进天然气进口增加,所以在三者正向动态联动关系中,天然气消费可以发挥前驱作用,天然气生产发挥主要供给保障作用,而进

口发挥重要的补充作用。

3.4 方差分解

方差分解是分析每一个结构冲击对内生变量变化的贡献度，并进一步评价不同结构冲击对系统变动的重要性。通过方差分解描述冲击在天然气生产、消费与进口的动态变化中的相对重要性，具体方差分解结果见表3.4。

表3.4 方差分解结果

预测期	标准误差	天然气生产量	天然气消费	天然气进口
(a) 天然气生产量的方差分解				
1	3.063847	100.0000	0.000000	0.000000
2	3.782546	95.54830	4.089189	0.362512
3	4.067620	90.46318	7.582583	1.954236
4	4.319518	85.95707	9.301931	4.741001
5	4.569680	81.60111	11.17597	7.222921
6	4.806744	77.40950	13.09383	9.496667
7	5.028476	73.47634	14.77710	11.74656
8	5.239269	69.96898	16.18652	13.84449
9	5.440839	66.89814	17.40486	15.69699
10	5.633530	64.19926	18.47483	17.32592
(b) 天然气进口的方差分解				
1	3.284946	1.161684	43.08351	55.75481
2	3.943264	11.59038	40.16406	48.24556
3	4.523300	10.14121	40.47355	49.38525
4	4.997481	11.44589	38.77045	49.78367

3 中国天然气生产、消费、进口的关联效应

续表3.4

预测期	标准误差	天然气生产量	天然气消费	天然气进口
5	5.418743	12.96454	38.06508	48.97037
6	5.802058	14.17217	37.65345	48.17438
7	6.152508	15.11437	37.28640	47.59923
8	6.478406	15.93237	36.95158	47.11604
9	6.784099	16.65544	36.67424	46.67032
10	7.072247	17.27423	36.44765	46.27811
(c) 天然气消费的方差分解				
1	10.16541	69.57363	30.42637	0.000000
2	10.93667	61.03725	38.15300	0.809748
3	11.78946	52.68582	35.69972	11.61446
4	12.37519	50.30396	34.03244	15.66361
5	12.94555	48.72495	34.11518	17.15987
6	13.45817	46.82574	34.39377	18.78050
7	13.93286	45.12651	34.37521	20.49828
8	14.38838	43.80810	34.28598	21.90593
9	14.82568	42.71631	34.24938	23.03431
10	15.24370	41.74180	34.23449	24.02371

由表3.4（a）可知，天然气生产量变动的贡献度主要来源于天然气生产量自身的冲击，其次为消费冲击，进口冲击的贡献度最小。在第1期天然气生产自身冲击对天然气生产量变动的贡献度为100%，之后呈现大幅下降态势，在第10期达到64.20%的最低水平。天然气消费冲击对天然气生产变动的贡献度在第1期为0，之后呈现不断上升态势，由第2期的4.09%逐渐上升至第10期的18.47%。天然气进口冲击对天然气生产变动的贡献

度在第 1 期为 0，第 2 期也仅有 0.36％，在第 4~10 期内天然气进口冲击贡献度的增长幅度大于天然气消费冲击贡献度的增长幅度，在第 10 期达到了 17.33％的最高水平。以上结果表明：短期内天然气生产受自身波动冲击非常大，长期内天然气生产受天然气消费和天然气进口的影响程度不断扩大。

表 3.4（b）显示，天然气进口变动的贡献度主要来源于天然气进口自身的冲击，其次为消费冲击，天然气生产冲击的影响最小。天然气进口冲击对自身变动的贡献度在第 1 期达到 55.75％的最高水平，第 2 期骤降至 48.25％，之后基本呈现下降态势，到第 10 期降至 46.28％的最低水平。天然气消费冲击对天然气进口变动的贡献度呈现逐期稳步降低态势，从第 1 期的 43.08％逐渐降低至第 10 期的 36.45％。天然气生产量冲击对天然气进口变动的贡献度在第 1 期仅为 1.16％，第 2 期猛增至 11.59％，之后基本呈现增长态势，在第 10 期达到 17.27％的最高水平。以上结果表明：短期内天然气消费及进口本身对天然气进口的影响较大，长期内虽然天然气生产对天然气进口的影响作用越来越大，但相对天然气进口本身及消费对天然气进口的影响而言，其影响程度依然比较小。

由表 3.4（c）可得出，天然气消费变动的贡献度主要来源于天然气生产量冲击，其次为消费自身冲击，天然气进口冲击的影响最小。天然气生产冲击对天然气消费变动的贡献度呈现不断下降态势，由第 1 期的 69.58％逐渐降低至第 10 期的 41.75％。消费冲击对天然气消费变动的贡献度在第 1 期为 30.43％，第 2 期猛增至 38.15％，之后第 4~10 期内基本保持在约 34％的稳定水平。天然气进口冲击对天然气消费变动的贡献度在第 1 期为 0，第 2 期后开始快速增长，在第 10 期达到 24.02％。以上结果表明：短期内天然气生产对天然气消费的推动作用明显，进口对天然气消费的影响较小；长期内虽然天然气生产对天然气消费的影响和天然气进口对天然气消费的影响呈现"此消彼长"的相互作用关系，但天然气消费受天然气生产的影响依然比其受天然气进口的影响程度要大很多，而天然气消费受自身波动的影响程度一直比较稳定。建议在满足天然气消费需求问题上将国内生产作为主要保障手段，天然气进口作为次要补充手段。

以上分析与脉冲响应分析结果相一致，总体而言：（1）天然气生产对天然气消费的影响略高于天然气消费对天然气生产的影响，天然气生产对天然气进口的影响略高于天然气进口对天然气生产的影响，天然气消费对天然气进口的影响小于天然气进口对天然气消费的影响。（2）天然气消费对天然气进口变动的贡献度具有较高水平，再次确认了脉冲响应分析中天然气消费对天然气市场的前驱作用，因此需重视和发挥天然气消费在天然气行业高速发展中的积极拉动作用。（3）由于天然气进口对天然气生产量以及天然气消费变动的贡献度都在逐渐增加，因此还应发挥天然气进口对天然气市场的重要作用。

3.5 结论及建议

运用 2008 年 1 月至 2015 年 12 月的天然气生产、消费、进口的数据，通过构建 VAR 模型，运用格兰杰因果关系检验、脉冲响应函数、方差分解对中国天然气生产、消费、进口三者之间的动态联动关系进行模拟和分析，可以得出以下结论。

（1）天然气消费、生产及进口三者之间表现出相互促进效应和相互强化作用的密切关联效果。短期内天然气消费、生产及进口三者之间均具有明显的正向联动关系，长期内天然气消费、生产及进口三者之间的正向联动关系保持稳定。

（2）天然气消费对天然气进口变动的贡献度具有较高水平，天然气消费对天然气市场发展具有前驱作用。天然气生产量对天然气消费及生产自身的贡献度较高，在天然气市场中具有主导支撑地位。天然气进口对天然气生产量以及天然气消费变动的贡献度都在逐渐增加，天然气进口对天然气市场的补充保障作用明显提升。

基于上述模型分析结果，在对中国天然气消费、生产及进口联动关系科学认识的基础上，立足当前中国天然气行业具体发展情况，对加强天然气生产、消费与进口正向联动关系，发挥三者相互促进作用，协调解决三者问题，促进三者协同发展提出以下路径及建议。

（1）鉴于天然气生产、消费及进口之间具有联动关系及协同效益，各自增长的溢出效应为三者协同管理提供了契机和条件。应完善天然气行业的顶层设计和指引，既考虑扩大天然气消费的需求侧目标，又体现国内生产技术水平及生产能力的供给侧现实，还反映影响进口安全的全球天然气供需市场环境的天然气行业发展规划及政策，才能切实可行地迎接一次能源结构清洁化的挑战，才能把握当前天然气行业高速发展的机遇期。加强天然气行业主管部门、天然气生产企业、销售公司、进口公司、管输企业、调峰企业之间的多部门间协作，协调科学开展天然气发展规划，协调解决天然气产业链上中下游存在的问题。

（2）构建安全、高效、灵活、统一的现代天然气市场体系，发挥天然气消费在天然气市场中强有力的前驱作用，推动天然气生产的持续稳定支撑作用，加强天然气进口的重要补充保障作用，增强天然气市场的供需协调性和统一性。加快从勘探开发到管束储运、终端销售以及国际贸易环节的业务布局：消费方面，持续推进"煤改气""油改气"等工作，积极推动天然气动力车船项目发展，制定并完善天然气发电、天然气分布式能源政策；生产方面，坚持常规与非常规并举，加大勘探开发投入，继续推进天然气勘探开发技术攻坚与装备研制创新，动态跟踪并吸收引进世界前沿技术与经验，实现降本增效；进口方面，坚持进口多元化战略，科学评估并及时化解天然气进口风险，优化进口空间格局。

（3）储气库作为天然气市场重要的平衡调节手段，对天然气市场供需平衡起关键作用。鉴于中国的天然气消费区远离生产区和进口气源，以及当前我国储气调峰设施建设落后的现状，加强储气库调峰的设施建设，推进天然气储气费与调峰价格改革，明确调峰责任划分，充分发挥天然气消费、生产及进口的正向联动和协同发展的灵活性，缓解当前天然气阶段性、局部性的供需矛盾。

（4）探索建立全面实时实地天然气市场化辅助服务运行机制。规划布局各区域的天然气现货和期货交易平台建设，发挥天然气交易中心资源优化配置、理顺天然气市场机制的功能，促进天然气生产者、消费者、贸易商发挥各自优势，参与市场交易的平台建设，促进大规模天然气长贸协议消纳。加快建设天然气市场预测预警系统及规范的信息公开平台，注重国际环境、宏观经济、生产能力、消费波动等监测和数据的实时更新，科学分析并研判天然气市场波动，预判形势变化，及早安排生产及进口布局。

4 中国进口液化天然气需求价格弹性的实证分析

4.1 中国进口液化天然气需求价格弹性理论

4.1.1 进口需求函数

进口需求函数用来表示某一特定时期某种进口商品的各种可能需求量和决定这些进口需求量因素之间的关系。根据要素禀赋理论，不同国家或地区各类要素的相对成本和不同国家或地区之间初级要素的存量差异，导致生产同种产品的价格不同。消费理论认为，在给定价格和预算的前提下，消费者可以选择最优的产品组合，以获得最大程度的效用。在西方经济理论中，假设所有的资源都是稀缺的，为了达到最佳的稀缺资源配置，在既定的资源条件下，该商品的市场价格决定其消费量，表达式为：$Q=Q(P, Y)$。消费者的目标是尽可能多地购买，在有限的可支配收入水平和特定商品的实际支出水平上以达到他们的效用水平。同理，在全球经济自由流动的条件下，液化天然气的进口需求函数表达式为 $Qt = f(Yt, Pt)$。Qt 表达的是中国在特定一段时间的液化天然气进口量，Yt 表达的是中国某一时期的国民购买液化天然气的实际支配收入水平，Pt 表达的是中国某一时期进口液化天然气的实际支付水平。

4.1.2 需求价格弹性理论

需求价格弹性（需求弹性）是指商品需求对商品价格变动的灵敏程度，表明一种商品的需求对价格变化的依存关系，不同商品的需求弹性是不同的。影响一个商品价格弹性的因素是多方面的，包括商品用途的广泛性、商品的可替代性、商品对消费者生活的重要程度等。本章主要研究对象是进口液化天然气，主要考虑液化天然气的进口价格和中国液化天然气进口来源国的经济水平对中国液化天然气进口需求量的影响。进口需求价格弹性是指进口价格每变动1%而引起进口需求量变化的百分率，计算公式：

$$E = (\Delta Q/Q)/(\Delta P/P)$$

ΔQ代表中国进口液化天然气在特定时间的变化量，ΔP代表中国进口液化天然气价格在特定时间的变化量。对于液化天然气的价格弹性，已有的研究认为液化天然气的需求与供给都缺乏弹性，液化天然气进口需求对进口价格变动的灵敏度差，究其缘由，中国本土的天然气产量无法满足国内需求，供需矛盾日益加深，因而需求量对各种影响因素呈现不敏感特性。

4.2 中国进口液化天然气需求价格弹性模型的构建及结果

4.2.1 需求价格弹性模型的构建

4.2.1.1 模型

需求价格弹性模型的基本形式是：

$$\ln Y_i = \ln A + \beta_2 \ln X_i$$

令 $\beta_1 = \ln A$，$Y_i^* = \ln Y_i$，$X_i^* = \ln X_i$，则：$Y_i^* = \beta_1 + \beta_2 X_i^*$

这个模型的弹性分析如下：

$$\frac{d(\ln Y_i)}{dX_i} = \frac{1}{Y} \cdot \frac{dY_i}{dX_i} = \beta_2 \frac{1}{X_i}，则 \beta_2 = \frac{dY_i/dX_i}{Y_i/X_i}$$

其中 Y 表示液化天然气进口量，X 表示液化天然气进口价格，考虑到经济增长因素，引入我国人均生产总值（GDP）与进口来源国人均 GDP 作为控制变量，改进之后的模型为：

$$\ln Y_i = \ln A + \beta_1 \ln G_1 + \beta_2 \ln X_i + \beta_3 \ln G_2$$

4.2.1.2 变量的设定

表 4.1 模型中各变量的含义、预期符号、理论说明及单位

变量	含义	预期符号	理论说明	单位
Y_i	因变量		中国液化天然气整体进口量及来自各国的液化天然气进口量	吨
X_i	中国液化天然气的进口价格	−	包括中国液化天然气整体的进口价格及来自各国的液化天然气的进口价格	美元/吨
G_1	中国人均GDP	+	中国的经济规模能力反映中国对国际液化天然气市场的需求，经济规模越大，贸易潜力越大	人民币：元
G_2	进口来源国人均GDP	+	进口来源国的经济规模，反映其对液化天然气贸易的出口能力，经济规模越大，贸易潜力越大	美元
A	模型的截距	+/−	影响双边贸易量的固定因素，反映了模型中其他不可量化或未知因素对双边贸易量的影响程度	

4.2.1.3 解释与说明

基于双对数线性回归模型，本节将定量分析中国液化天然气整体的进口需求弹性及五个液化天然气进口来源国的进口需求价格弹性，分析基于年度数据，中国液化天然气历年进口量和进口总额来源于联合国贸易数据库。液化天然气进口价格的获得，用进口总额除以进口数量得到以美元衡量的进口价格，单位为美元/吨。本次回归分析选取的液化天然气进口来源国是卡塔尔、马来西亚、澳大利亚、印度尼西亚、尼日利亚五个国家，根据进口实际情况的不同，比如卡塔尔于 2009 年开始向中国出口液化天然气，尼日利亚于 2007 年就已经开始向中国出口液化天然气，笔者将根据实际进口年份及数据的有效性选取数据。

4.3 中国进口液化天然气需求价格弹性模型结果分析

4.3.1 中国总体进口液化天然气需求价格弹性模型结果分析

（1）回归结果

选取的数据为 2006 年至 2016 年中国液化天然气的整体进口量、进口价格以及中国人均 GDP，因为 2004 年和 2005 年液化天然气进口量和进口额太小，因此此次回归舍去这两年。运用 Eviews 软件采用最小二乘法计算系数。据表 4.2 所示，回归的决定系数约为 0.94，即天然气进口需求量约 94% 以上的变动都可以被这个模型解释，拟合得较完美。进口价格、国内人均 GDP 对应的 P 值分别为 0.5533、0.0006，在 0.05 的显著性水平下，进口价格不能通过回归系数的显著性检验，G_1 能通过回归系数的显著性检验。F 统计量为 64.92198，对应的概率值为 0.000011，所以该模型整体是显著性的。

表 4.2　回归结果

符号	C（系数）	P（概率值）
A（常数）	−11.60349	0.051
X（进口价格）	0.245299	0.5533
G_1（中国人均 GDP）	2.505297	0.0006
R^2（决定系数）	0.941963	
F	64.92198	0.000011
DW	1.589633	

(2) 液化天然气进口需求价格弹性模型结果分析

$$\ln Y_i = 2.505297 \ln G_1 + 0.245299 \ln X_2 - 11.60349$$

$\beta_2 = 0.245299$（β_2 表示进口价格的估计系数），需求价格弹性系数为正，缺乏弹性，进口价格对进口需求量具有正向作用，液化天然气进口价格上升会使液化天然气进口需求量也上升。具体来讲，进口价格增长 1%，液化天然气进口需求量增加约 0.25%；$\beta_1 = 2.505297$（β_1 表示中国人均 GDP 的系数），中国人均 GDP 每增加 1%，液化天然气进口需求量增加约 2.51%，中国人均 GDP 与液化天然气进口需求量之间呈正相关，液化天然气进口需求量会随着中国人均 GDP 的增加而增长，与预期相符。中国液化天然气进口需求在中国经济高速发展的刺激下持续高涨，特别是 2008 年以来，天然气的需求年均增长 20%，中国正在逐步进入天然气的大规模使用中，供需之间的矛盾只能依靠进口来解决，天然气进口成为一种必然选择，这也导致了它对各影响因素呈现不敏感的特性。因此，研究结果与中国的现实国情相吻合。其次，由于液化天然气的开发与利用有助于减少环境的污染，实现经济的可持续发展等，中国液化天然气进口呈现一种刚性需求。

4.3.2 中国从卡塔尔进口液化天然气的需求价格弹性模型结果分析

（1）回归结果

选取的数据是 2009 年至 2016 年中国从卡塔尔进口液化天然气的进口量、进口价格以及中国人均 GDP、卡塔尔人均 GDP。运用 Eviews 软件采用最小二乘法计算系数。据表 4.3 所示，模型中 R^2 约为 0.98，接近 1，即液化天然气进口需求量 98% 以上的变动都可以被这个模型解释，模型整体上拟合得较好。进口价格、中国人均 GDP 和卡塔尔人均 GDP 对应的概率值 P 分别为 0.6795、0.0005、0.7619。在 0.05 的显著性水平下，G_1 系数是显著的，G_2 系数和 X 系数并不能很好地通过回归系数的显著性检验。F 统计量为 76.50344，对应的概率值 P 为 0.000547，所以该模型能够通过整体显著性检验。

表 4.3　回归结果

符号	C（系数）	P（概率值）
A（常数）	−39.00994	0.1386
X（进口价格）	0.727144	0.6795
G_1（中国人均 GDP）	3.597556	0.0005
G_2（卡塔尔人均 GDP）	0.981544	0.7619
R^2（决定系数）	0.982870	
F	76.50344	0.000547
DW	2.866454	

(2) 从卡塔尔进口液化天然气的需求价格弹性模型结果分析

$$\ln Y_i = 3.597556\ln G_1 + 0.727144\ln X_i \\ + 0.981544\ln G_2 - 39.00994$$

$\beta_2 = 0.727144$，中国从卡塔尔进口液化天然气的需求缺乏弹性，与预期相符，进口价格对进口需求量具有正向作用。具体来讲，从卡塔尔进口液化天然气的进口价格上升1%，则中国从卡塔尔进口液化天然气的需求量也增加约0.73%。$\beta_1 = 3.597556$，中国人均GDP每变动1%，中国从卡塔尔进口液化天然气的需求量随之变动约3.60%。$\beta_3 = 0.981544$，卡塔尔国内人均GDP每增加1%，中国从卡塔尔进口液化天然气的进口量也随之增加约0.98%。卡塔尔人均GDP的效应与预期相符，这与卡塔尔的天然气丰富度有关。卡塔尔是举世闻名的天然气资源大国，政府大力投资开发天然气，将其作为经济发展中的引擎。同时，卡塔尔还施行多元化经济发展战略，并不将整个国家的经济命脉放在天然气产业上，对外鼓励外资和技术的进入，并开放证券市场，改善投资环境；对内关注农业的发展，向农民提供免费的种子、化肥、农业机械。因此随着中国对于液化天然气需求量的加大，卡塔尔凭借丰富的天然气与平稳的经济发展状况具有足够的供给能力。

4.3.3 中国从马来西亚进口液化天然气的需求价格弹性模型结果分析

(1) 回归结果

选取的数据是2008年至2016年中国从马来西亚进口液化天然气的进口量、进口价格以及中国人均GDP、马来西亚人均GDP。运用Eviews软件采用最小二乘法计算系数。据表4.4所示，模型中R^2为0.957754，接近1，即天然气进口需求量约95%以上的变动都可以被这个模型解释，拟合得较完美。进口价格、中国人均 GDP 及马来西亚人均 GDP 对应的概率值 P 分别为 0.0013、0.1901、0.0771，在 0.05 的显著性水平下，X 的估计系数是显著的，其余两个不能通过回归系数的显著性检验。F 统计量为 37.78480，对应的概率值为 0.000736，所以该模型整体是显著性的。

表4.4 回归结果

符号	C（系数）	P（概率值）
A（常数）	−19.19243	0.1725
X（进口价格）	−3.521617	0.0013
G_1（中国人均GDP）	1.526435	0.1901
G_2（马来西亚人均GDP）	4.185453	0.0771
R^2（决定系数）	0.957754	
F	37.78480	0.000736
DW	2.529377	

（2）从马来西亚进口液化天然气的需求价格弹性模型结果分析

$$\ln Y_i = 1.526435 \ln G_1 - 3.521617 \ln X_i \\ + 4.185453 \ln G_2 - 19.19243$$

$\beta_2 = -3.521617$，符合价格弹性规律，需求弹性高。具体来讲，从马来西亚进口液化天然气的进口价格上升 1%，则中国从马来西亚进口液化天然气的需求量减少 3.521617%。马来西亚经济健康发展，国内天然气储量丰富，将亚太地区作为天然气出口的重要市场，中马双边合作近年来不断加深，中国从该国进口液化天然气的需求量对马来西亚液化天然气出口价格的变动反应灵敏。$\beta_1 = 1.526435$，中国从马来西亚进口液化天然气的需求量在中国人均 GDP 增加 1% 的情况下随之增加约 1.53%。$\beta_3 =$

4.185453，马来西亚人均 GDP 每增加 1%，中国从马来西亚进口液化天然气的需求量增加约 4.19%，马来西亚人均 GDP 对中国液化天然气进口的影响显而易见。两国的人均 GDP 对中国液化天然气进口量具有明显的正向效应。这说明，中国对于一次能源的需求在中国经济高速发展的刺激下不断加大，而在当前提倡绿色经济的背景下，液化天然气作为重要的清洁能源，对其需求也会不断扩大，在中国天然气产量远远满足不了消费量的现状下，液化天然气进口量也会大幅增加，并占据主导地位。

4.3.4 中国从澳大利亚进口液化天然气的需求价格弹性模型结果分析

（1）回归结果

选取的数据是 2007 年至 2016 年中国从澳大利亚进口液化天然气的进口量、进口价格以及中国人均 GDP、澳大利亚人均 GDP。运用 Eviews 软件采用最小二乘法计算系数。据表 4.5 所示，模型中 R^2 为 0.886945，即液化天然气进口需求量约 89% 以上的变动都可以被这个模型解释，拟合情况不够好。进口价格、中国人均 GDP、澳大利亚人均 GDP 对应的概率值 P 分别为 0.3719、0.1367、0.1802，在 0.05 的显著性水平下，该模型系数未能通过回归系数的显著性检验。F 统计量为 15.69051，对应的概率值为 0.003024，所以该模型整体显著。

表 4.5　回归结果

符号	C（系数）	P（概率值）
A（常数）	13.79495	0.0651
X（进口价格）	0.655144	0.3719
G_1（中国人均 GDP）	1.087768	0.1367
G_2（澳大利亚人均 GDP）	−1.234122	0.1802

续表4.5

符号	C（系数）	P（概率值）
R^2（决定系数）	0.886945	
F	15.69051	0.003024
DW	1.663411	

（2）从澳大利亚进口液化天然气的需求价格弹性模型结果分析

$$\ln Y_i = 1.087768\ln G_1 + 0.655144\ln X_i - 1.234122\ln G_2 + 13.79495$$

$\beta_2 = 0.655144$，中国从澳大利亚进口液化天然气的需求缺乏弹性。具体来讲，从澳大利亚进口液化天然气的进口价格上升1%，则进口需求量增加约0.66%。$\beta_1 = 1.087768$，中国人均GDP每变动1%，进口量随之变动约1.09%，与预期相符。$\beta_3 = -1.234122$，澳大利亚人均GDP年均增加1%，中国从澳大利亚进口液化天然气的需求量年均减少约1.23%，与预期不符。

4.3.5 中国从印度尼西亚进口液化天然气的需求价格弹性模型结果分析

（1）回归结果

选取的数据是2009年至2016年中国从印度尼西亚进口液化天然气的进口量、进口价格以及中国人均GDP、印度尼西亚人均GDP。运用Eviews软件采用最小二乘法计算系数。据表4.6所示，模型中R^2为0.962313，即天然气进口需求量约96%以上的变动都可以被这个模型解释，模型整体拟合得较完美。进口价格、中国人均GDP、印度尼西亚人均GDP对应的概率值P分别为0.1751、0.966、0.0196，在0.05的显著性水平下，该模型系数并不能很好地通过回归系数的显著性检验。F统计量为

34.04543，对应的概率值为 0.002629，所以该模型能够通过整体显著性检验。

表 4.6　回归结果

符号	C（系数）	P（概率值）
A（常数）	−18.91569	0.0094
X（进口价格）	0.683537	0.1751
G_1（中国人均GDP）	−0.029931	0.966
G_2（印度尼西亚人均GDP）	3.687006	0.0196
R^2（决定系数）	0.962313	
F	34.04543	0.002629
DW	3.159600	

（2）从印度尼西亚进口液化天然气的需求价格弹性模型结果分析

$$\ln Y_i = -0.029931\ln G_1 + 0.683537\ln X_i + 3.687006\ln G_2 - 18.91569$$

$\beta_2=0.683537$，中国从印度尼西亚进口液化天然气的需求缺乏弹性。具体来讲，中国从印度尼西亚进口液化天然气的进口价格年均增加 1%，则进口需求量年均也增加约 0.68%。$\beta_1=-0.029931$，中国人均 GDP 每增加 1%，进口需求量减少约 0.030%，中国人均 GDP 对我国从印度尼西亚进口液化天然气的影响较小，负向效应可忽略不计。$\beta_3=3.687006$，印度尼西亚人均 GDP 年均增加 1%，中国从印度尼西亚进口液化天然气的需求量年均增加约 3.69%，印度尼西亚人均 GDP 对中国液化天然气进口的影响显著，与预期相符。

4.3.6 中国从尼日利亚进口液化天然气的需求价格弹性模型结果分析

(1) 回归结果

选取的数据是2008年至2016年中国从尼日利亚进口液化天然气的进口量、进口价格以及中国人均GDP、尼日利亚人均GDP。运用Eviews软件采用最小二乘法计算系数。据表4.7所示，回归的拟合优度为0.845296，即天然气进口需求量约85%以上的变动都可以被这个模型解释，拟合度不是很高。进口价格、中国人均GDP、尼日利亚人均GDP对应的概率值P分别为0.0716、0.1323、0.7561，在0.05的显著性水平下，该模型系数并不能很好地通过回归系数的显著性检验。F统计量为10.92792，对应的概率值为0.007614，所以该模型能够通过整体显著性检验。

表4.7 回归结果

符号	C（系数）	P（概率值）
A（常数）	−11.51811	0.1161
X（进口价格）	1.321033	0.0716
G_1（中国人均GDP）	1.718993	0.1323
G_2（尼日利亚人均GDP）	−0.338566	0.7561
R^2（决定系数）	0.845296	
F	10.92792	0.007614
DW	2.343364	

(2) 从尼日利亚进口液化天然气的需求价格弹性模型结果分析：

$$\ln Y_i = 1.718993 \ln G_1 + 1.321033 \ln X_i$$

$$-0.338566\ln G_2-11.51811$$

$\beta_2=1.321033$，需求价格弹性大于 1，中国从尼日利亚进口液化天然气的需求富有弹性。具体来讲，中国从尼日利亚进口液化天然气的进口价格年均增加 1%，则进口需求量也年均增加约 1.32%。$\beta_1=1.718993$，中国人均 GDP 年均增加 1%，进口需求量则年均增加约 1.72%。$\beta_3=-0.338566$，尼日利亚人均 GDP 年均增加 1%，进口需求量减少约 0.34%。上面的模型显示，中国人均 GDP 对中国液化天然气进口量的影响显而易见，尼日利亚人均 GDP 对中国液化天然气进口量的负向作用较小，说明中国正处于经济快速发展的时期，中国经济增长率远远高于世界经济增长率，特别是随着能源行业的发展，中国对液化天然气的需求与日俱增，液化天然气进口量持续增加。

5 中国天然气进口市场集中度测算及分析

5.1 中国天然气进口市场集中度测算方法介绍

5.1.1 进口市场集中度指数含义

进口市场集中度指数又称进口市场集中率,是指前 n 个进口量规模最大的国家所占市场份额的总和。进口市场集中度指数是最常用的测算方法。

进口市场集中度指数一般以某一国家排名前 n 个的进口量占市场总进口量的比例来度量。CR_n 指数越高,说明这个国家的进口集中度越高,而集中度越高说明该进口市场越接近于垄断,进口市场存在着风险;反之,则集中度越低,越低则说明市场越趋向于竞争,有利于进口市场的安全。

5.1.2 测算方法

进口市场集中度指数计算方法见表 5.1。在已知该市场的进口来源国的总数量、从各个进口来源国的进口量及进口总量等的情况下,其计算公式如下:

$$CR_n = \frac{\sum (X_i)_n}{\sum (X_i)_N} \quad N > n$$

CR_n：该国进口市场内进口规模最大的前几个国家的进口市场集中度；

X_i：表示第 i 个国家的进口量；

n：天然气进口市场内进口规模最大的前几个国家数；

N：天然气进口市场内的进口来源国总数。

表 5.1 贝恩的市场结构分类方法

类型	前四位进口国家市场占有率（CR_4）	前八位进口国家占有率（CR_8）	天然气进口市场的进口来源国总数
极高寡占型	75%以上	85%以上	20个以内
高度集中寡占型	65%～75%	85%以上	20～100个
中（上）集中寡占型	50%～65%	75%～85%	国家数较多
中（下）集中寡占型	35%～50%	45%～75%	国家数很多

5.2 中国天然气进口市场集中度测算

5.2.1 数据来源

（1）确定天然气进口来源国数量及各国进口量。为便于获取数据和开展比较，本研究选择联合国贸易统计网站（UNComtrade）作为中国天然气进口来源国数据参考标准。

（2）依据 2006—2015 年联合国贸易统计网站中关于中国天然气进口量的统计资料，考虑到数据的可获得性及分析比较需要，选择 2009—2015 年所有进口来源国的进口量为研究对象，计算 2009—2015 年各国进口市场份额。

（3）确定集中度 CR 公式中 n 的取值。从进口规模和综合实力角度考量，分别选定天然气、管道天然气、液化天然气三种类型内前 4 及前 8 个国家。

5.2.2 中国天然气进口市场集中度测算结果

根据集中度的计算公式，计算得到 2009—2015 年中国天然气进口市场集中度 CR_4、CR_8 指数，如表 5.2 所示。

表 5.2 2009—2015 年中国天然气进口市场集中度

年度	中国					
	CR_4			CR_8		
	天然气	管道	液化	天然气	管道	液化
2009	92%	100%	92%	98%	100%	98%
2010	79%	100%	85%	96%	100%	96%
2011	81%	100%	78%	96%	100%	95%
2012	87%	100%	87%	97%	100%	98%
2013	80%	100%	86%	96%	100%	98%
2014	75%	99.99%	81%	92%	100%	93%
2015	76%	99.99%	64%	95%	100%	67%

5.3 中国天然气进口市场集中度分析

5.3.1 中国液化天然气进口市场集中度分析

中国液化天然气进口市场集中度一直居高不下，2009 年至 2014 年 CR_4 均高于 75%，而 CR_8 则均高于 93%，可以说中国液化天然气进口市场集中度非常高。而在 2015 年，中国液化天然气集中度快速下降，CR_4 从 81% 降至 64%；CR_8 从 93% 降至 67%。从"极高寡占型"变为"高度集中型"。

中国液化天然气进口市场集中度在 2009—2011 年呈下降趋势，原因在于 2009 年中国液化天然气进口主要集中于澳大利亚、马来西亚、印度尼西亚、卡塔尔这四个国家。2009 年之前，中国几乎所有的进口天然气都为液化天然气，而自 2010 年起，土库曼斯坦开始向中国大量输入管道天然气，并在 2010 年成为中国继澳大利亚后第二大天然气进口来源国，从而使得液化天然气进口集中度下降。2011 年后，CR_4 在 2012 年达到高峰后开始呈下降趋势。2012—2015 年进口集中度在不断下降，原因如下：中国自 2012 年起开始增加管道天然气的进口，2015 年管道天然气进口来源国增加到 6 个，极大地减少了液化天然气的进口市场集中度，且液化天然气进口国家数量也在不断增加，进口份额不断分散，不再高度集中于某几个国家。

5.3.2 中国管道天然气进口市场集中度分析

根据表 5.1 可知，中国几乎所有的进口管道天然气集中度都为 1，由此可以看出中国的管道天然气进口市场集中度都达到较高水平，属于"极高寡占型"。

中国 2014—2015 年间管道 CR_4 为 99.99％，无限接近 1。原因在于 2013 年之前中国的管道天然气主要来源于土库曼斯坦、缅甸、乌兹别克斯坦、哈萨克斯坦这四个国家，而 2014 年和 2015 年中国管道天然气进口来源国增加了缅甸，所以管道天然气进口市场集中度有细微的下降。中国的管道天然气进口市场集中度大多为 1，指数最高，原因主要在于：（1）中国的管道天然气进口来源国非常少，主要集中在土库曼斯坦、乌兹别克斯坦、哈萨克斯坦和缅甸这四个国家，几乎所有的管道气源都来自这四个国家；（2）上述四个国家因天然气滞销导致逐年减产，向中国大量输送管道天然气可以解决其天然气滞销问题。

5.4　中国天然气进口市场集中度风险分析

通常一个国家从国际天然气市场上进口天然气的总量过高会对国家天然气安全产生影响，一个国家对国际市场的集中度越高，则越不利于进口国家的天然气安全。天然气进口来源国的集中程度可以在一定程度上反映该国的天然气进口市场是否存在风险。天然气进口来源国越集中，应对天然气禁运等国际政治问题的回旋余地越小，天然气安全就越难得到保障。中国管道、液化天然气的进口来源国都非常集中，因此，这几个非常集中的进口来源国在很大程度上垄断了中国的天然气进口。进口市场集中度太高容易引发天然气进口贸易风险，使得国内天然气的进口容易受到主要进口来源国的控制。这将使得中国很难通过灵活的转移进口来合理地规避和化解天然气进口风险，从而给天然气进口安全带来一定的威胁。

具体风险分析主要有两点：第一，中国的天然气进口来源国虽然很多，但是主要集中在部分国家，仅土库曼斯坦、卡塔尔、澳大利亚、马来西亚就控制着中国近 80% 的天然气进口量，这使得中国的天然气进口市场存在着比较大的安全隐患，若这几个进口来源国由于天然气减产或政治经济等原因减少向中国出口的天然气，短期内将会对中国造成较大的损失。第二，中国的管道天然气进口来源国数量甚少，但进口的数量又非常大，仅土库曼斯坦、乌兹别克斯坦、缅甸、哈萨克斯坦这四个国家就控制着中国几乎全部的管道天然气进口数量，一旦这四个国家因为经济或政治因素减少对中国的出口量，中国的管道天然气安全就会受到巨大的威胁。

6 中国对天然气进口来源国的依赖度分析

6.1 天然气进口来源国的依赖度理论介绍

6.1.1 贸易依赖理论

6.1.1.1 相互依赖理论的概念

相互依赖是对状态的一种统称,不同学者所研究的领域不同,对相互依赖的定义和假设各不相同。贸易相互依赖虽然是国家之间各个行为者发生的,但都把国家当作分析对象。国家所展现的作用是国内众多介入到国际贸易中的行为体的汇集。针对国际贸易领域,笔者将对相互依赖理论的界定限制在国家之间。笔者在研究中国对天然气进口来源国的依赖度的同时,也考察了天然气进口来源国对中国的依赖度,这是一种双向的联系。

6.1.1.2 相互依赖理论的特点

第一,相互依赖必然是各自都需要付出代价的一种状态,否则只会称之为相互联系。相互依赖和相互联系的不同之处是行为体在交易中是否付出代价。如果双方都付出了一定的代价,那么相互依赖才会产生,不然的话只可能是单纯的联系。

6 中国对天然气进口来源国的依赖度分析

第二,行为体在交往过程中付出的代价并不一定是对等的,即相互依赖不以两国均受益为准则。当今世界由于各行为体之间的能力有所差异,不同行为体关于同类事务所付出的代价和所获得的收益均不一样。

第三,相互依赖并不一定导致和平的结果。虽然跨国交易会减少国家之间的摩擦,但却不一定致使和平的实现。国家利益是国家的最高目标,任何国家都以国家利益为中心,各个国家间的合作以能否实现国家利益最大化为尺度。相对于绝对收益而言,行为体更加注重相对收益,所以国家间的合作往往伴随着矛盾。

6.1.2 依赖度测算公式

任何交易都存在供给方和需求方,需求方扮演购买的角色,供给方即是销售的角色,所以两者息息相关,然而依赖程度却随着各自的具体条件而有所不同,世界天然气贸易也不例外。为了探讨中国可能会出现的天然气供应风险,我们不仅要考察中国对天然气进口来源国的依赖程度,也要分析这些国家对中国天然气进口市场的依赖程度。准确分析各个国家对天然气进口的依赖度必然是非常艰难的,但若是不明确某种尺度,则难以推断某个国家或者地区对他国天然气的依赖程度。本章以下面的思路来建立分析框架。

一般来说,中国从某个国家进口的天然气量占中国天然气进口总量的比例越大,则中国对该国的依赖程度越高;如果中国自某国的天然气进口额占该国天然气的总出口额比重越大,则这个国家对中国天然气市场的依赖性越高。可以按如下三个步骤来测算中国天然气对主要进口来源国的依赖程度以及各主要进口来源国对中国的依赖度,同时列出相应的依赖度测算公式。

第一步,计算中国从一个国家(j)进口的天然气量占中国天然气进口总量的比值(I_1),I_1越大,说明中国对 j 国天然气的依赖性越强。

第二步，计算中国自 j 国的天然气进口额占 j 国的总出口额的比重（I_2），I_2 值越大，说明 j 国对中国天然气进口市场的依赖性越强。

第三步，用 I_1 除以 I_2，公式如下：

$$I_3 = \frac{I_1}{I_2}$$

I_3 表示相对依赖性，若 I_3 大于 1 则表明中国对某国的依赖程度大于某国对中国的依赖程度；若 I_3 小于 1，则表明中国对某国的依赖程度小于某国对中国的依赖程度。

6.2　中国对天然气进口来源国的依赖度测算

上述方法计算得出的依赖系数在一定程度上能够研究中国对主要天然气进口来源国的依赖程度。计算得出的结果只能解释中国对这些国家依赖程度的相对大小，对其绝对大小难以做出详尽的判定。需要注意的是，这一系数没有考虑出口国天然气出口量占世界天然气总出口量的份额，所以忽略了供应方对政府限制出口可能做出的反应。实际上，若某国天然气出口对世界市场的依赖程度较高，则该国政府肯定不会轻易限制天然气出口，否则生产者会遭受极大损失，反应肯定会非常强烈。如果该国对世界天然气市场的依赖性提高，进口国的地位必将相应增强，即不会十分依赖于该出口国。虽然没有考虑地缘政治、国家实力等方面的因素，利用上述三个步骤所计算出来的依赖系数仍然可以作为分析中国对天然气进口来源国依赖程度的参考。

按照上述方法，本章分别计算了中国对澳大利亚、卡塔尔、印度尼西亚、缅甸、马来西亚、尼日利亚、哈萨克斯坦、也门、阿尔及利亚、埃及等国家分年度的天然气进口依赖系数。本章的数据来源为 UN COMTRADE 数据库。

6.2.1 澳大利亚

澳大利亚拥有亚太地区最丰富的天然气储量。2006年，澳大利亚与中国签署液化天然气交易"照付不议"供气合同（即中国必须按照合同约定进口天然气，若进口量低于约定量，中国仍需按约定量支付天然气进口款项）。澳大利亚成为最早向中国出口液化天然气的国家，出口量一直比较稳定。但近年来澳大利亚由于开采难度不断加大，开采成本日益加剧，其供给价格也在不断攀升。中国对澳大利亚天然气的依赖系数如表6.1所示。

表6.1　2007—2016年中国对澳大利亚天然气的依赖系数

（单位：%）

系数	年份									
	2007	2008	2009	2010	2011	2012	2013	2014	2015	2016
I_1	85.05	81.47	63.31	32.83	16.12	11.69	9.34	8.9	12.49	22.17
I_2	9.64	5.83	9.87	8.66	5.79	4.55	4.51	4.53	13.13	28.04
I_3	8.82	13.97	6.41	3.79	2.78	2.57	2.07	1.96	0.95	0.79

天然气的进口依赖系数I_1，虽然中国天然气仍然保持着对澳大利亚市场的较强依赖性，但近几年依赖性正渐渐降低。根据表6.1的I_2系数，澳大利亚同样对中国进口天然气保持较强的依赖性，澳大利亚天然气对中国的出口额占其总出口额的比重先降后升。通过I_3系数可知，除2015年和2016年依赖系数小于1，其余年份均大于1，说明中国对澳大利亚的相对依赖性正在逐步变小，2015年和2016年澳大利亚对中国的依赖程度大于中国对其依赖程度。

6.2.2 卡塔尔

卡塔尔自 2006 年开始成为全球第一大液化天然气生产国，液化天然气产业起步早，开采成本低，因此卡塔尔是相对来说比较有保障的气源国。卡塔尔作为中国液化天然气进口来源国之一，于 2009 年开始向中国大量出口液化天然气，并且随后几年对中国的天然气出口量都在稳定增长，是现今中国最大的液化天然气供应国。中国对卡塔尔天然气出口的依赖系数如表 6.2 所示。

表 6.2　2009—2016 年中国对卡塔尔天然气的依赖系数

（单位:%）

系数	年份							
	2009	2010	2011	2012	2013	2014	2015	2016
I_1	7.24	10.15	10.32	16.35	17.76	15.71	10.86	9.2
I_2	1.49	1.94	2.88	—	7.16	7.29	5.59	5.93
I_3	4.86	5.23	3.58	—	2.48	2.16	1.94	1.55

根据表 6.2 所示，系数 I_1 表明，2009 年中国开始向卡塔尔进口天然气，2009 年进口占比 7.24%，2013 年达到最大值，进口占比 17.76%，而 2016 年下降到 9.2%，比例先由小变大，再由大变小，说明中国对卡塔尔天然气的依赖性呈波动态势。据表 6.2 的 I_2 系数，卡塔尔对中国天然气进口市场具有较大依赖性。而 I_3 系数均大于 1，2010 年中国对卡塔尔天然气的相对依赖度最大，而后几年有所下降，说明中国对卡塔尔的相对依赖度不断降低。

6.2.3 印度尼西亚

印度尼西亚是亚太地区液化天然气出口量最多的国家。但它

6 中国对天然气进口来源国的依赖度分析

与同样是气源国的卡塔尔不同,印度尼西亚主要将亚太地区作为天然气出口市场。印度尼西亚与中国签订液化天然气出口"照付不议"合同后,于 2009 年正式向中国出口液化天然气,其出口量总体上呈逐年增长趋势。近年来印度尼西亚面临着气源枯竭的状况,而国内需求在不断扩大,这对中国进口气源的安全性会造成不利影响。中国对印度尼西亚天然气出口的依赖系数如表 6.3 所示。

表 6.3 2009—2016 年中国对印度尼西亚天然气的依赖系数

(单位:%)

系数	年份							
	2009	2010	2011	2012	2013	2014	2015	2016
I_1	9.73	14.25	8.8	7.94	6.39	5.96	6.47	5.16
I_2	1.59	2.93	1.85	2.57	2.74	4.86	12.08	12.88
I_3	6.12	4.86	4.76	3.09	2.33	1.23	0.54	0.40

根据表 6.3 分析得出,从系数 I_1 来看,中国对印度尼西亚的天然气进口依赖度总体呈下降趋势,从表 6.3 的 I_2 系数来看,中国自印度尼西亚的天然气进口额占印度尼西亚总出口额的比重越来越高。由此说明,印度尼西亚对中国进口天然气的依赖性越来越强。据系数 I_3 可知,相对依赖系数逐渐降低。

6.2.4 缅甸

缅甸是联系南亚和东亚的交通要道,拥有十分重要的地理位置,并且缅甸与中国毗邻,这为中国从缅甸进口天然气带来了很大的便利。2013 年中缅油气管道全线贯通,缅甸开始向中国输送天然气,此通道不仅保障了中国西南地区的天然气供应,而且缩短了中东及非洲地区输送天然气到中国的路程。2009 年中国与缅甸签署了为期30年的中缅油气管道协议,2013年缅甸开始向中国出口天然气,出口量呈现快速增长态势,到2016年出口量已达到39亿立方米,占中国天然气进口总量的5.29%。中国对缅甸天然气的依赖系数见表6.4。

表6.4 2013—2016年中国对缅甸天然气的依赖系数(单位:%)

系数	年份			
	2014	2015	2016	
I_1	0.41	5.14	6.51	5.29
I_2	3.87	29.49	32.3	41.87
I_3	0.11	0.17	0.20	0.13

根据表6.4的I_1系数可知,缅甸从2013年开始向中国出口天然气。中国从缅甸进口的天然气总量占中国天然气总进口量的比值相对较小,说明中国对缅甸的天然气进口依赖性比较弱。从系数I_2来看,缅甸对中国进口天然气呈现非常高的依赖性,并且这种依赖性正在逐渐增大。据系数I_3可知,中国对缅甸的天然气进口相对依赖系数均小于1,说明缅甸比较依赖于中国的天然气进口市场,而中国对缅甸的依赖性小。

6.2.5 马来西亚

马来西亚与印度尼西亚相同,主要以亚太地区为天然气出口市场,于2008年首次向中国出口液化天然气,出口量一直呈快速增长趋势。然而,马来西亚的天然气储备相对较少,且政治局势比较动荡,所以对中国的天然气持续供应具有一定的风险。中国对马来西亚天然气的依赖系数见下表6.5。

表 6.5 2008—2016 年中国对马来西亚天然气的依赖系数

（单位：%）

系数	年份								
	2008	2009	2010	2011	2012	2013	2014	2015	2016
I_1	0.26	11.85	9.92	6.96	6.08	6.98	6.99	7.34	4.79
I_2	0.08	2.47	3.39	4.28	4.3	5.95	6.72	11.72	10.69
I_3	3.25	4.80	2.93	1.63	1.41	1.17	1.04	0.63	0.45

依据表 6.5 的 I_1 系数，中国对马来西亚的天然气进口依赖性呈现波动态势。根据表 6.5 的 I_2 系数，中国自马来西亚的天然气进口额占马来西亚的天然气总出口额的比重持续升高，足见马来西亚对中国的天然气进口依赖性非常大，并且有逐年增大的趋势。据表 6.5 的 I_3 系数，I_3 不断降低，说明中国对马来西亚的天然气进口相对依赖性不断降低。

6.2.6 尼日利亚

尼日利亚位于西非地区，向亚太地区出口液化天然气的比例为 30% 左右，是中国在非洲地区最重要的天然气合作伙伴。尼日利亚作为与中国签订长期合同的气源国，于 2007 年开始向中国出口液化天然气，出口量总体上在波动中呈上升趋势，但目前占中国的天然气进口市场份额不高。中国对尼日利亚天然气的依赖系数见表 6.6。

表 6.6 2007—2016 年中国对尼日利亚天然气的依赖系数

（单位：%）

系数	年份									
	2007	2008	2009	2010	2011	2012	2013	2014	2015	2016
I_1	2.18	5.44	1.12	1.09	3.17	0.99	0.96	0.1	0.7	0.5

续表6.6

系数	年份									
	2007	2008	2009	2010	2011	2012	2013	2014	2015	2016
I_2	8.16	60.58	0.72	2.34	9.17	4.28	16.52	3.76	—	2.46
I_3	0.27	0.09	1.56	0.47	0.35	0.23	0.06	0.03	—	0.20

从表6.6的I_1系数来看,中国从尼日利亚进口的天然气量占中国天然气进口总量的比值有下降趋势,说明中国越来越不依赖尼日利亚的天然气。据表6.6的I_2系数可知,中国自尼日利亚的天然气进口额占尼日利亚的天然气总出口额的比重波动十分剧烈,而表6.6的系数I_3显示,2009年的依赖系数大于1,其余年份均小于1,说明中国对尼日利亚进口天然气相对依赖度低。

6.2.7 也门

也门在中东地区属于天然气探明储量和天然气生产量都比较少的国家,2010年中国首次从该国进口天然气,进口量为7亿立方米。但近年来也门的天然气进口市场份额不断下降,一方面是由于也门的政治动荡不安,出口安全性受到影响,另一方面是由于其他地区的天然气供应充足,挤占了也门的天然气出口市场份额,因此,也门在中国天然气供应市场中将面临巨大挑战。中国对也门天然气的依赖系数见表6.7。

表6.7 2010—2016年中国对也门天然气的依赖系数(单位:%)

系数	年份						
	2010	2011	2012	2013	2014	2015	2016
I_1	4.42	3.59	1.97	2.94	2.39	0.6	0
I_2	39.59	38.19	77.77	40.7	46.05	—	—

6 中国对天然气进口来源国的依赖度分析

续表6.7

系数	年份						
	2010	2011	2012	2013	2014	2015	2016
I_3	0.11	0.09	0.03	0.07	0.05	—	—

根据表6.7,中国从也门进口的天然气量占中国天然气进口总量的比值呈下降趋势,中国对也门天然气的依赖性降低。由系数I_2可知,也门对中国的天然气出口额占也门天然气总出口额的比例非常高,这表明也门对中国天然气依赖性很高,在与中国的天然气合作中处于被动地位。系数I_3显示,所有年份的依赖系数都小于1,这表明中国不依赖也门对中国的天然气出口,但也门非常依赖对中国的天然气出口。

7 中国天然气进口来源安全评估

7.1 天然气进口来源安全的含义

7.1.1 天然气进口来源地资源潜力

本章在评估进口来源国资源潜力因素时，主要包括该国天然气的探明储量、该国天然气的产量以及该国天然气的储采比三个方面。

(1) 天然气探明储量。

天然气探明储量通常是指通过地质与工程信息以合理的肯定性表明在现有的经济与作业条件下，将来可从已知储层采出的天然气储量。

(2) 天然气产量。

天然气产量一般是指进入集输管网和就地利用的全部气量，包括该气田天然气产量、油田天然气产量和煤田天然气产量。

(3) 天然气储采比。

天然气储采比是指天然气开采和储量的比率，储采比数值越大，说明资源的利用越充分。

7.1.2 天然气进口来源地经济潜力

笔者将该国的国内生产总值、全年通货膨胀率和实际国内生产总值增长率作为进口来源国经济潜力评估的三个主要评估因素进行打分和对比。

（1）国内生产总值。

国内生产总值（GDP：Gross Domestic Product）指一个国家或地区在一定时期内生产的所有最终产品和劳务的市场价值。GDP是衡量一个国家或地区总体经济状况的重要指标。

（2）全年通货膨胀率。

将该国本年度全年通货膨胀率与上一年数据进行对比，计算的百分比变化即为全年通货膨胀率。

（3）实际国内生产总值增长率。

以某一年为价格基准，计算该国这一年的实际国内生产总值的上升或下降，并用百分比的形式表示，即为实际国内生产总值增长率。

7.1.3　天然气进口来源地政治安全

国家政治风险也是评估能源进口来源地安全性最重要的因素之一。在过去的几十年里，全球虽然没有爆发世界级战争，但是局部战争和地区间的冲突一直不断，由此造成的能源危机、能源价格大幅度上涨等事件，都体现了一个国家政治稳定的重要性。例如朝鲜半岛局势问题，过去几年间突尼斯、利比亚、埃及等国家的政治局势动荡，2012年的中日钓鱼岛事件、中国和菲律宾之间的黄岩岛事件等，都会对中国的能源进口安全产生重大的影响。

进口来源国的政治安全评估是根据世界银行发布的截至2015年全球国家治理指数，即WGI指数分析得出。WGI指数的考虑因素非常全面，本节主要用到的参考指数和得分方式说明如下：政府效能、法律法规、政治稳定性、话语权和问责权，各指标的权重均为1/4。

每一项的得分方式依照 WGI 估值进行排名,得分为排名的倒数,最后再将各项分数相加,得到该国的政治安全分数。

7.2 中国天然气进口来源地及存在的问题

7.2.1 中国管道天然气进口来源地

随着中国经济的快速发展、人民生活水平的不断提高和环境治理的迫切需要,天然气需求量不断增加,对外依存度也大幅提高。我国已经建好、正在建设和规划建设的 7 条陆路进口天然气管道进口能力达 1650 亿立方米/年。中国的管道天然气主要进口来源地如下:

(1) 中亚地区。

该地区位于欧洲、亚洲和中东的交汇处,是未来的新兴市场,同时也是世界上最晚进行地质勘探开发的区域之一。这个地区将出现大量能源开发、生产、运输的商机,其中,土库曼斯坦是管道气输送的最主要国家,也是中国最大的天然气进口来源地。近几年,土库曼斯坦输气量占了中国天然气进口量的一半,该国对于中国天然气进口的重要性不言而喻。

(2) 缅甸。

该地区是南亚与东亚的纽带,地理位置十分显著。缅甸的天然气资源对中国和亚太地区其他能源消耗大国如日本、印度、韩国等都有很大的吸引力。2009 年中缅签署了天然气供应协议,此协议为 30 年。缅甸每年向中国昆明地区输送 6.5 亿立方米天然气,这对解决中国西南地区的能源问题有很大的帮助。

(3) 俄罗斯。

俄罗斯是世界上国土面积最大的国家,具有相当丰富的油气资源。根据《BP 世界能源统计年鉴 2020》的数据,截至 2018

7 中国天然气进口来源安全评估

年底俄罗斯的探明储量为38万亿立方米，约占世界天然气总量的19.3%。俄罗斯能源比例中石油所占比例不超过25%，而天然气超过70%。因此，俄罗斯一直是西欧国家的天然气输送大国，也对中国北方地区的天然气资源有相当重要的意义。

中国石油与俄罗斯天然气工业股份公司签订了长达30年的《中俄东线管道供气供销合同》，根据这份合约，从2018年起，俄罗斯向中国输送天然气，数量每年不断增加，最终每年供气量达到380亿立方米。这次合同的签订，使中国天然气供应有了更加稳妥的保障。

7.2.2 中国液化天然气进口来源地

中国从海上进口液化天然气的主要来源地有澳大利亚、中东地区和东南亚地区。中东地区的进口路线主要通过马六甲海峡，主要进口国家是卡塔尔，东南亚则集中在印度尼西亚。

澳大利亚的天然气储备是亚太地区最多的。到2015年底，其天然气探明储量为3.5万亿立方米，约占世界总储量的1.9%。

卡塔尔目前是中国液化天然气最大的供应国家。2015年，卡塔尔出口中国的液化天然气达到67.9亿立方米，占当年中国进口总额的16.4%。探明储量为24.5万亿立方米，约占全球总量的13%。作为一个中东国家，丰富的油气资源使其拥有了得天独厚的优越条件，正因为中东国家具有丰厚的物质资源基础，才经常引起政局不稳的动荡局面。卡塔尔在中东各国中的政治局势相对稳定，并且一直和中国保持着良好的关系。

7.2.3 现存主要问题

第一，2010年起，中国成为天然气的净进口国，对外依存度提高。这种对外依赖度的持续攀升，使中国在洽谈天然气进口价格时容易受到牵制。第二，对于天然气的供给国，也有相当多的不确定性，无论是中东国家政治环境的不稳定，还是澳大利亚开采难度加大而不断提高的价格，都使中国在进口时增加了许多安全隐患。第三，海上运输的过程中，南海频频发生争端问题，马六甲海峡频频出现海盗袭击，这些都给中国的天然气进口带来了更多的风险。

第四，中国天然气进口来源地分散，但进口量并不分散，仍集中于中亚地区。如何选择合理的进口来源地，将进口量分散，保障中国天然气的持续稳定供应是中国仍需探讨研究的重要问题。

7.3 中国天然气进口来源安全评估

7.3.1 进口来源国资源潜力评估

7.3.1.1 天然气探明储量

在中国，现有的天然气进口来源国和潜在的进口来源国，几乎包括了世界上各大天然气储备最为丰富的国家。根据《BP世界能源统计年鉴2016》，俄罗斯作为中国最大的邻国，有着极为丰富的天然气储备资源，探明储量超过38万亿立方米。卡塔尔虽然一直是一个天然气资源丰富且出口液化天然气数量最多的国家，但相比2005年的天然气探明储量，卡塔尔在其后的十年间储量下降了4.3%。各国天然气探明储量得分为储量排名的倒数，如表7.1所示。

表 7.1　俄罗斯等 10 国天然气探明储量得分

国家	得分
俄罗斯	1
卡塔尔	1/2
土库曼斯坦	1/3
阿尔及利亚	1/4
澳大利亚	1/5
印度尼西亚	1/6
马来西亚	1/7
乌兹别克斯坦	1/8
缅甸	1/9
也门	1/10

7.3.1.2　天然气产量

除了俄罗斯、阿尔及利亚以及印度尼西亚三个国家在 2015 年的产量少于 2005 年外，其他国家都表现出上升趋势。马来西亚、土库曼斯坦和乌兹别克斯坦等国 2015 年天然气产量虽然上升幅度不大，但表现出了很好的资源稳定性。卡塔尔和也门依然保有比较大的天然气产量上升空间。2015 年天然气产量得分为产量排名的倒数，如表 7.2 所示。

表 7.2　俄罗斯等 10 国天然气产量得分

排名	国家	得分
1	俄罗斯	1
2	卡塔尔	1/2
3	阿尔及利亚	1/3
4	印度尼西亚	1/4

续表7.2

排名	国家	得分
5	土库曼斯坦	1/5
6	马来西亚	1/6
7	澳大利亚	1/7
8	乌兹别克斯坦	1/8
9	缅甸	1/9
10	也门	1/10

7.3.1.3 天然气储采比

根据《BP世界能源统计年鉴2016》的数据统计来评估2015年各国的储采比情况。土库曼斯坦、卡塔尔以及也门都有非常可观的储采比。

2015年土库曼斯坦等10国天然气储采比得分为储采比排名的倒数,如表7.3所示。

表7.3 土库曼斯坦等10国天然气储采比得分

排名	国家	得分
1	土库曼斯坦	1
2	卡塔尔	1/2
3	也门	1/3
4	俄罗斯	1/4
5	阿尔及利亚	1/5
6	澳大利亚	1/6
7	印度尼西亚	1/7
8	缅甸	1/8
9	乌兹别克斯坦	1/9

续表7.3

排名	国家	得分
10	马来西亚	1/10

7.3.1.4 天然气来源国的资源潜力评估

在天然气进口来源国的资源潜力评估上,笔者按照 2015 年各国天然气探明储量、2015 年天然气产量以及 2015 年天然气储采比各占 1/3 的权重进行计算,每一项因素的得分是该国在此项目上的排名的倒数,由此可以得到各天然气来源国在资源潜力方面的一个综合分数,如表 7.4 所示。

表7.4 俄罗斯等10个天然气来源国资源潜力得分

国家	得分
俄罗斯	0.75
土库曼斯坦	0.57
卡塔尔	0.50
阿尔及利亚	0.19
印度尼西亚	0.18
也门	0.17
澳大利亚	0.16
马来西亚	0.14
乌兹别克斯坦	0.12
缅甸	0.11

7.3.2 进口来源国的经济潜力评估

将这 10 个国家通过 3 项因素的排名进行打分,各项因素的权重为 1/3，然后将所有因素得分综合并取倒数，从而求得各个天然气来源国的经济潜力分数，具体排名如下表所示。

表 7.5 俄罗斯等 10 国经济潜力排名

国家	国内生产总值	全年通货膨胀率	国内生产总值增长率
俄罗斯	1	9	10
澳大利亚	2	2	6
印度尼西亚	3	5	3
马来西亚	4	3	4
卡塔尔	5	1	6
阿尔及利亚	6	4	7
乌兹别克斯坦	7	6	1
缅甸	8	8	2
土库曼斯坦	9	6	5
也门	10	10	9

进口来源国经济潜力的得分如表 7.6 所示：

表 7.6 卡塔尔等 10 国经济潜力得分

国家	得分
卡塔尔	0.45
乌兹别克斯坦	0.44
俄罗斯	0.40
澳大利亚	0.39
印度尼西亚	0.29
马来西亚	0.28
缅甸	0.25

续表7.6

国家	得分
阿尔及利亚	0.19
土库曼斯坦	0.16
也门	0.10

7.3.3 进口来源国的政治安全评估

7.3.3.1 政府效能（Government Effectiveness）

政府效能是指国家的行政机关和行政人员为实现之前已定好的目标，在行政管理活动中所发挥的有效功能，主要是行政效率、效益和政府绩效。各天然气进口来源国的政府效能得分主要参考了世界银行发布的 2014 年全球治理指数（WGI）的得分。

根据 2014 年 WGI 政府效能（Government Effectiveness）指标中各国政府的得分，可得出 10 个国家在这一项上的排名，如表 7.7 所示。

7.3.3.2 法律法规（Rule of Law）

法律法规可以用来衡量一个国家和政府的法律体制是否完善，是否值得民众信任以及是否对于我们国家与其建立天然气贸易关系有保护作用和安全性。根据 2014 年 WGI 中法律体制（Rule of Law）指标中的各国政府得分，可得出 10 个国家在这一项上的排名，如表 7.7 所示。

7.3.3.3 政治稳定性（Political Stability and Absence of Violence）

政治稳定是指一个国家的政治系统保持动态的有序性和连续

性。具体来说，是指没有全局性的政治动荡和社会骚乱，政权不发生突发性质变，公民不是用非法手段来参与政治或夺取权力，政府也不采用暴力或强制手段压制公民政治行为，以此维护社会秩序。根据 2014 年 WGI 中政治稳定性（Political Stability and Absence of Violence）指标中的各国政府得分，可得出 10 个国家在这一项上的排名，如表 7.7 所示。

7.3.3.4 话语权和问责权（Voice and Accountability）

话语权往往同人们争取经济、政治、文化、社会地位和权益的话语表达密切相关。话语权和问责权是衡量一个国家和政府的政治权、公民权以及人权的指数。根据 2014 年 WGI 中话语权和问责权（Voice and Accountability）指标中的各国政府得分，可得出 10 个国家在这一项上的排名，如表 7.7 所示。

表 7.7　澳大利亚等 10 国政治安全排名

国家	政府效能	法律法规	政治稳定性	话语权和问责权
澳大利亚	1	1	1	1
俄罗斯	5	7	6	6
印度尼西亚	4	6	4	2
马来西亚	2	4	3	3
卡塔尔	3	2	2	5
阿尔及利亚	6	9	5	4
乌兹别克斯坦	7	5	7	9
缅甸	9	8	8	8
土库曼斯坦	8	3	10	10
也门	10	10	8	7

在进口来源国政治安全评估方面,四项指标的权重皆为1/4,得分为各国排名的倒数。如表7.8所示。

表7.8 澳大利亚等10国政治安全评估得分

国家	得分
澳大利亚	1
卡塔尔	0.38
马来西亚	0.35
印度尼西亚	0.29
阿尔及利亚	0.18
俄罗斯	0.17
土库曼斯坦	0.16
乌兹别克斯坦	0.15
缅甸	0.12
也门	0.11

7.3.4 综合安全评估

在资源潜力的评比中,俄罗斯、土库曼斯坦、卡塔尔天然气资源的储备非常丰富,在经济潜力的评比中,卡塔尔以0.45的总分排名第一,经济风险最低,乌兹别克斯坦和俄罗斯分列第二和第三位,也门排名末尾;在政治安全的评分中,澳大利亚以1分名列第一,其政府效能、法律法规、政治稳定性、话语权和问责权均排名第一,卡塔尔、马来西亚和印度尼西亚也都有比较稳定和安全的政治局势,也门在这一评分中再次位列末尾。

对前面三个部分的得分进行汇总,来综合评估10个国家的天然气进口安全性。将三个部分的权重均设置为1/3,综合出来的最后得分结果如表7.9所示。

表 7.9 澳大利亚等 10 个天然气来源国综合安全得分

国家	综合安全得分
澳大利亚	0.52
卡塔尔	0.44
俄罗斯	0.44
土库曼斯坦	0.30
马来西亚	0.26
印度尼西亚	0.25
乌兹别克斯坦	0.24
阿尔及利亚	0.17
缅甸	0.16
也门	0.13

通过得分情况可以看出，澳大利亚虽然在资源上不占优势，但凭借其良好的经济潜力和相当高的政治安全性，在这 10 个国家中综合排名第一；卡塔尔、俄罗斯和土库曼斯坦这三个国家紧随其后，其共同特点是都拥有相当大的资源潜力，但俄罗斯和土库曼斯坦两国因为政治安全问题使得总分下降，土库曼斯坦的经济潜力也排在十个国家里的倒数第二位。

分别评估在除去政治安全因素、国内经济潜力因素、资源潜力时所有国家的排名将会发生怎样的变化。

表 7.10 俄罗斯等 10 国除去政治安全因素后的得分

指标 国家	经济潜力	资源潜力	得分
俄罗斯	0.40	0.75	0.58
卡塔尔	0.45	0.50	0.48

续表7.10

指标 国家	经济潜力	资源潜力	得分
土库曼斯坦	0.16	0.57	0.37
澳大利亚	0.39	0.16	0.28
乌兹别克斯坦	0.44	0.12	0.28
印度尼西亚	0.29	0.18	0.24
马来西亚	0.28	0.14	0.22
阿尔及利亚	0.19	0.19	0.19
缅甸	0.25	0.11	0.18
也门	0.10	0.17	0.14

除去了政治安全这一因素后，俄罗斯上升至第一位，卡塔尔和土库曼斯坦分列第二和第三位，如表7.10所示。因此，中国在考虑天然气进口来源国时，如果将该国的政治安全放在最后一位考虑，俄罗斯、卡塔尔和土库曼斯坦将会是最好的三个选择。在这样的情况下，也门排名依旧是末尾。

此外，在不考虑进口来源国经济潜力的情况下，只通过来源国的国内政治安全和资源潜力来评估的结果如表7.11所示。

表7.11 澳大利亚等10国除去经济潜力因素后的得分

指标 国家	政治安全	资源潜力	得分
澳大利亚	1	0.16	0.58
俄罗斯	0.17	0.75	0.46
卡塔尔	0.38	0.50	0.44
土库曼斯坦	0.16	0.57	0.37

续表7.11

指标 国家	政治安全	资源潜力	得分
马来西亚	0.35	0.14	0.25
印度尼西亚	0.29	0.18	0.24
阿尔及利亚	0.18	0.19	0.19
也门	0.11	0.17	0.14
乌兹别克斯坦	0.15	0.12	0.14
缅甸	0.12	0.11	0.12

通过得分情况可以看出，澳大利亚凭借最高的政治安全性排名第一，俄罗斯排名第二，卡塔尔和土库曼斯坦紧随其后，缅甸排名最后一位。

在不考虑进口来源国资源潜力的情况下，只考虑政治安全和经济潜力的评估具体情况如表7.12所示。

表 7.12　澳大利亚等 10 国除去资源潜力后的得分

指标 国家	政治安全	经济潜力	得分
澳大利亚	1	0.39	0.70
卡塔尔	0.38	0.45	0.42
马来西亚	0.35	0.28	0.32
乌兹别克斯坦	0.15	0.44	0.30
印度尼西亚	0.29	0.29	0.29
俄罗斯	0.17	0.40	0.29
缅甸	0.12	0.25	0.19
阿尔及利亚	0.18	0.19	0.19

续表7.12

指标 国家	政治安全	经济潜力	得分
土库曼斯坦	0.16	0.16	0.16
也门	0.11	0.10	0.11

从表 7.12 可以看出,澳大利亚依然位列榜首,这说明澳大利亚国内的政治局势是最稳定的,经济潜力良好;土库曼斯坦排名下跌至倒数第二位,也门排名末尾。

通过以上几种评分可以看出,澳大利亚、卡塔尔在每一种方式的评分上大都保持在前列,因此,这两个国家应该成为中国选择天然气进口来源国最优先考虑的国家。澳大利亚的资源潜力排名比较靠后,经济潜力排名靠前,但其国内稳定的政治局势才是考虑将澳大利亚作为天然气进口来源国的最主要原因。阿尔及利亚在资源潜力上的得分位列第四,其国家政治安全得分较低,因此如果中国需要从该国进口天然气,就应该提前做好应急预案。

8 "一带一路"倡议下中国天然气贸易现状、问题及对策

8.1 "一带一路"倡议下中国天然气贸易现状

8.1.1 中国与"一带一路"沿线国家天然气资源现状

"一带一路"倡议覆盖的国家和地区面积广泛,天然气资源丰富,天然气可采资源超过290万亿立方米,占全球的65%。其中沿线有重要的三大天然气储量产区,分别是俄罗斯、中东、中亚,其次有东亚和东南亚,这些地区的天然气产量远大于消费量,也就是供大于求。俄罗斯、卡塔尔、土库曼斯坦等国家为主要出口国,而中国、印度为主要进口国,所以天然气资源丰富的国家可以加大出口,这也刚好可以与中国供不应求的现状产生互补,两者合作,实现共赢。"一带一路"倡议下的天然气战略在中国天然气对外贸易中有着重要的作用,为中国的能源安全提供了很大的保障。

8.1.2 "一带一路"倡议下中国与沿线国家的天然气贸易潜力

中国政府一直在大力推进与沿线国家的天然气贸易合作,鼓励中国企业对外投资,倡导"一带一路"沿线国家积极参与响

8 "一带一路"倡议下中国天然气贸易现状、问题及对策

应,坚持在开放包容、互利互惠、合作共赢、市场运作的原则下,共同开拓天然气合作领域,使"一带一路"天然气贸易发展惠及大家。其中天然气的合作也展示出了巨大的贸易潜力,中国天然气企业在"一带一路"沿线国家和地区持续深化天然气资源合作,现阶段仍处于重要的战略机遇期,应不断优化海外资源配置和资产布局,提高风险管控和预测能力,优化能源结构,这对我国的经济可持续发展有着重要影响。

8.1.2.1 中国与俄罗斯天然气贸易潜力

俄罗斯是世界上重要的能源大国,有着丰富的天然气资源,在世界上的能源地位数一数二,其经常使用限制能源输送去制裁那些依赖俄罗斯的国家。据《BP世界能源统计年鉴2020》数据显示,截至2019年年底,俄罗斯天然气产量为6790亿立方米。俄罗斯天然气能够充分满足本国的需求,其多出的产量则会大量出口,其出口能源收入在经济发展中占有重要地位。而与之毗邻的中国则是一个能源消费大国,其地理位置也使得俄罗斯出口中国十分便捷,所以自然是俄罗斯可供选择的最佳贸易伙伴。此外,中国与俄罗斯的能源合作历史较为深厚,在天然气方面的合作也经历了一个较为曲折的阶段,直到2014年,中俄两国才签订了东西两线天然气协议,这标志着两国天然气贸易合作的进一步深化。这一协议历经近二十年才得以完成,体现了中俄双方的合作是一个不断完善磨合的过程。

其中促成天然气贸易协定的一个重要因素便是2014年的乌克兰危机。俄罗斯经济受到欧美的制裁,曾经俄罗斯的天然气主要出口给欧洲,但此次危机让欧洲缩减了对俄罗斯的天然气需求,美国开始大量供应天然气给欧洲,以弥补欧洲的天然气缺口,此举对俄罗斯造成很大影响,俄罗斯便急需寻找新的贸易伙伴,而中国巨大的潜在需求也促使俄罗斯加快了两国的进一步

合作。

目前,中国进口的液化天然气主要来源于俄罗斯。随着一个高达4000亿美元的"西伯利亚力量"天然气项目的投产运作,俄罗斯每年向中国输送380亿立方米天然气,并持续30年。这意味着中国天然气供应不足的情况将得到极大缓解。这条管道的实施比最初预计的时间晚了一年,主要是因为俄罗斯受到制裁,导致国际市场油价下跌。俄罗斯经济陷入低迷,在中俄天然气管道建设方面的积极性也有所降低,但近几年,中国气荒严重,俄罗斯看到中国市场的潜力,便再一次积极主动投入该项目,正式开始输送天然气。

总的来说,两国的天然气贸易合作有利于加强两国的贸易往来,打破俄罗斯出口欧洲的单一性和中国进口中东、中亚的单一性,促进多元化贸易战略,保障能源安全,增强两国天然气资源的互补性;也有利于推动人民币的国际化,直接实现人民币与卢布的交易,促进中国的边境贸易发展。此外,两国充分抓住"一带一路"建设机遇,使中俄油气合作更加长远,在促进两国经济能源安全交流的同时实现了共赢。

8.1.2.2 中国与中亚天然气贸易潜力

中亚是向中国输送天然气最重要的区域,中亚的五个国家2016年天然气探明总储量为19.6万亿立方米,约占全球的10.5%,资源十分丰富,天然气储存主要集中在土库曼斯坦、乌兹别克斯坦和哈萨克斯坦三个国家,分别占比89%、6%和5%,可以看出土库曼斯坦天然气资源最多,远高于其他两个国家。而中亚位于亚欧中心,四方接通,为出口天然气提供了交通优势。截至2018年12月31日,中亚天然气管道已经向中国输气474.93亿立方米,同比增长了23.08%。每年从中亚进口的天然气在中国天然气消费总量中的占比超过了15%。

8 "一带一路"倡议下中国天然气贸易现状、问题及对策

土库曼斯坦一直是中亚天然气的主要出口国家,该国的产量远远超过其他国家,预测土库曼斯坦在未来很长一段时间,天然气出口量只增不减。中国与土库曼斯坦之间的天然气合作到现在已接近二十年,时间长,成果也同样丰硕。土库曼斯坦天然气远景储量达到24.6万亿立方米,居世界第四位,约占全球天然气储量的9%。中国与其在天然气勘探开发和生产领域都有深入的合作,阿姆河右岸区块过去是中国与土库曼斯坦油气合作的主要区块,近年来中国又取得了复兴气田部分区块的开发权,在天然气处理厂和管道建设领域也取得了重要成果。中国在该国天然气领域的扩展也逐步加速,未来两国的天然气合作将持续深入。一开始,土库曼斯坦的天然气出口严重依赖俄罗斯,俄罗斯几乎垄断了土库曼斯坦向欧亚地区出口的天然气,土库曼斯坦深受俄罗斯经济的影响。为了减少来自俄罗斯的能源安全威胁,2010年土库曼斯坦开始向中国出口天然气,虽然出口量只有35.5亿立方米,仅占土库曼斯坦天然气出口量的18%,但是随着中国和土库曼斯坦能源合作的不断深入和天然气管道交通的不断完善,以及管网系统的扩容,其出口量也将越来越大。2014年5月12日,土库曼斯坦与中国达成协议,土库曼斯坦将在2016年之前将中国天然气供应量增加至每年65亿立方米。截至2015年11月初,土库曼斯坦已经累计向中国出口了1210亿立方米天然气,未来也将持续出口。之后中国提出"一带一路"倡议,得到了土库曼斯坦的积极响应与支持,并表示会参与其计划过程,因其与土库曼斯坦的复兴丝绸之路倡议相似——都是建立在友好合作基础上的经济贸易合作,极大地促进了两国的能源合作。

乌兹别克斯坦位于中亚,与中国在政治、经济、文化方面早有合作,加之又是邻国,历史合作基础甚好。依靠如今的"一带一路"倡议,乌兹别克斯坦通过出口天然气获得了更多的经济来源,本国经济也得到了快速发展。乌兹别克斯坦是一个能源丰富

的国家，人口少，有着很好的出口优势，但在过去，乌兹别克斯坦深受技术资金限制，又遭到俄罗斯的垄断，受俄罗斯市场的影响，出口市场形式过于单一。如今乌兹别克斯坦表示支持和参与中国提出的"一带一路"倡议，与中国开展天然气贸易合作，在一定程度上促进了本国出口的多元化，扩大了销售市场。中国国内的产量跟不上消费量，导致两者差距越来越大。因而，与中国开展天然气贸易合作，可谓互利共赢：一方面促进了乌兹别克斯坦出口形式的多元化，扩大了销售市场，另一方面弥补了中国的产量不足，满足了更多的需求。

哈萨克斯坦是一个天然气资源储存丰富的国家，截至2016年年底，哈萨克斯坦天然气储量为3.9万亿立方米，共开采天然气460.9亿立方米，出口约216亿立方米，其中接近一半的开采量用于出口。由于生产量大于国内消费量，哈萨克斯坦也会出口天然气以获得经济效益，而中国的天然气市场需求恰好为哈萨克斯坦提供了机遇。

哈萨克斯坦与新疆相邻，既是中国通往中亚和欧洲的重要陆路通道，又是中亚地区油气资源输往中国的重要来源国和过境国。近年来，哈萨克斯坦天然气产业发展迅速，自与中国合作以来，每年对中国的出口量一直维持在4亿立方米左右。2017年10月，哈萨克斯坦正式履行与中国签订的一份年出口量高达50亿立方米的合同（资料来源：中国石油新闻中心），合作前景良好。

中国提出的"一带一路"倡议与哈萨克斯坦提出的"光明之路"战略符合两国的发展利益。"光明之路"战略旨在促进经济增长，实现收入多元化，从而降低对俄罗斯的依赖程度。"一带一路"创造了许多发展机会，这将给哈萨克斯坦带来实实在在的好处，并有助于消除宗教极端主义、减少社会暴力。这有利于两国更好地开展天然气合作，实现互利共赢。

8 "一带一路"倡议下中国天然气贸易现状、问题及对策

随着中哈天然气管道一期 A、B 两线和二期 C 线的贯通，中哈天然气管道输气能力达到 550 亿立方米。两国的天然气合作不断发展，互补性强，对哈萨克斯坦而言，与中国进行天然气贸易合作能实现出口多元化，保障出口利益与安全，减少对欧洲、俄罗斯的出口依赖。对中国来说，虽然哈萨克斯坦出口给中国的天然气量并不算多，但是这符合中国进口能源的多样化战略，这对保障双方能源安全更为有利。

8.1.2.3　中国与中东天然气贸易潜力

中东地区是中国"一带一路"在亚洲地区以外的重要战略支点，能源合作则是中国与中东国家合作的基础。中东的天然气资源十分丰富，勘探潜力远比石油大，发展前景非常好，而且主要集中在海湾七国——伊朗、沙特阿拉伯、卡塔尔、阿联酋、伊拉克、科威特、阿曼。其中伊朗、沙特阿拉伯、卡塔尔和阿联酋的天然气资源最为丰富，能够在满足当前国内消费的同时，大量向外出口，是国际上重要的能源出口国家。

卡塔尔、伊朗、沙特阿拉伯、阿联酋是中东地区最大的四个天然气生产国，随着中国帮助其加大对天然气资源的勘探、开发力度，中东地区的天然气产量提高了，中国也获得了更好的价格优势，未来中东与中国天然气贸易潜力巨大。

伊朗位于中东的中心地带，拥有世界上最重要的霍尔木兹海峡作为其能源运输走廊。与此同时，伊朗也有着丰富的油气资源，其储量在世界能源市场中占据着非常重要的地位。我们可以从新闻上了解到，伊朗经常因抢夺资源而引发冲突甚至战争。据《BP 世界能源统计年鉴 2020》数据显示，截至 2019 年年底，伊朗天然气探明储量达 32 万亿立方米，天然气产量达 2442 亿立方米，仅次于俄罗斯这一第二大天然气资源国。伊朗主要靠出口天然气资源获得收入，所以中国与伊朗的合作前景潜力大。

中国与伊朗的关系稳定友好，合作历史也较长。关于天然气合作领域方面，双方签订了很多项目协议。特别是 2017 年，中石油和道达尔以及伊朗国家石油公司达成协议，共同开发伊朗南帕尔斯天然气田第 11 期项目，其中道达尔为最多持股方，占据一半左右。但经历过制裁的伊朗，2018 年又受到美国的制裁，而法国道达尔也因受到美国制裁而选择了退出该项目，于是中石油便成为该项目的最大投资者，拥有了该油气田的开采权。这种情况下，中国与伊朗的天然气合作将取得更进一步的发展。

伊朗的油气资源出口依赖美国，近些年来，美国对伊朗的制裁，严重影响了其天然气的出口。在"一带一路"倡议发出后，伊朗抓住机遇，与中国在天然气合作方面也取得了重要成果，两个国家也可以互补，从而互惠互利。

卡塔尔天然气资源丰富，天然气是该国的重要经济来源，2019 年 1 月卡塔尔退出 OPEC，计划专注于天然气出口。虽然卡塔尔国土面积很小，但其丰富的天然气资源不容忽视。卡塔尔与伊朗共同拥有北方丰富的天然气资源——南帕斯天然气田。据《BP 世界能源统计年鉴 2018》数据统计，截至 2017 年年底，卡塔尔已探明天然气储量为 24.9 万亿立方米，液化天然气和管道天然气出口分别为 2034 亿立方米和 184 亿立方米，成为世界第一大液化天然气出口国，仅次于伊朗和俄罗斯。2008 年 4 月，中国与卡塔尔签订了长达 25 年的销售和购买液化天然气协议，卡塔尔每年向中国市场供应 300 万吨液化天然气。2018 年 9 月，卡塔尔与中国达成协议，每年将为中国提供大约 340 万吨液化天然气，该协议有效期为 22 年，一直到 2040 年。在"一带一路"倡议的支持下，中国每年向卡塔尔进口的天然气量将持续增长，与卡塔尔的天然气安全合作也会进一步发展，在两者互补的同时，也能促进两国间的能源合作，保障双方的能源安全。

沙特阿拉伯是世界上天然气资源最富足的国家之一，据

8 "一带一路"倡议下中国天然气贸易现状、问题及对策

《BP世界能源统计年鉴2018》数据显示，沙特阿拉伯2017年已探明天然气储量为8万亿立方米，仅次于俄罗斯、伊朗、卡塔尔、土库曼斯坦和美国。沙特阿拉伯近年来开始向美国进口天然气，在未来20年里，每年预计进口500万吨液化天然气。由于沙特阿拉伯天然气开采难度大，人工成本高，基础设施不完善，阻碍了天然气出产，导致能充分利用的天然气还不够，与其巨大的天然气储量相比，产量提升潜力巨大。未来沙特阿拉伯还将提高天然气开采技术，不断完善国内天然气设施。如果能够突破这些难关，预计到2030年，沙特阿拉伯的天然气产量可达2300亿立方米。2016年4月，沙特阿拉伯发布的"沙特阿拉伯2030愿景"战略计划与中国的"一带一路"倡议相契合。"沙特阿拉伯2030愿景"指出，到2030年，将非油外贸出口占比从16%提升至50%。而天然气就是非油产业中的一部分，所以沙特阿拉伯将大力发展天然气产业，加大天然气代替原油的出口。沙特阿拉伯也宣布在未来五六年内，成为天然气出口大国，"一带一路"倡议拉近了沙特阿拉伯与中国的贸易关系，两国可以加强在天然气技术和基础设施领域的合作，这有利于沙特阿拉伯天然气的发展，从而为沙特阿拉伯和中国的天然气贸易合作奠定基础，推动两国天然气在国际上的合作，双方合作潜力巨大。

阿联酋的天然气储量在全球名列前茅。截至2017年年底，阿联酋天然气剩余可采储量为5.9万亿立方米，位居世界第八位，储采比约100年。阿联酋的油气资源属于常规资源，开发成本低，并且其产量也处于稳定增长的态势。阿联酋在中东的位置也非常重要。作为中东的东大门，其与中国的西出口相连，双方都有道路连接和贸易的先决条件。同时阿联酋也是中东的经贸中心，因而和阿联酋的合作，也能更好地拉近中国与其他几个中东国家的关系。

中国与阿联酋之间的合作是比较稳定和长久的，在过去几

年，两国陆续签订了关于天然气项目的大大小小的合作协议，特别是 2012 年 7 月阿布扎比原油管线项目的顺利投产，改变了中东地区的能源输出方式，实现了能源供应多元化，保障了能源供给稳定性。2019 年 3 月，中阿两国的国家能源局局长举行会晤，共同探讨未来两国在天然气等能源上的合作事宜，在"一带一路"倡议的支持下，两国在天然气资源的合作上形成优势互补，未来将会显示出天然气贸易合作的巨大潜力。

8.2 "一带一路"倡议下中国天然气贸易问题

中国"一带一路"倡议的提出，使中国与沿线国家的能源合作水平达到了新的高度。中国始终坚持与"一带一路"沿线国家在天然气合作方面以"政策沟通、设施联通、贸易畅通、资金融通、民心相通"为原则。中国通过进口天然气，加强了天然气工业的海外合作，改变了天然气供需格局，保障了天然气供应，促进了中国天然气工业及相关产业的发展；同时也拉动了沿线出口天然气国家的经济增长，实现了两者的互惠互利，从而走向双赢。

但是在看到好的一方面的同时，我们也应看到在与这些国家和地区进行能源合作的过程中存在的诸多问题。"一带一路"沿线国家众多，其中中东、非洲、中亚、俄罗斯等地区和国家因地缘区位特殊，油气资源富足，长期以来都是能源消费大国的博弈对象，是大国竞相争夺资源的焦点。中东地区时常会因为资源问题而爆发战争，国家民不聊生，导致他国与该地区的合作得不到保障。因此，中国在推进"一带一路"能源合作进程中必将面临来自沿线相关国家内部不稳定和"一带一路"外部大国的阻碍，从而影响中国与其他国家在天然气方面的合作。

8 "一带一路"倡议下中国天然气贸易现状、问题及对策

8.2.1 沿线地区地缘政治复杂多变，安全堪忧

"一带一路"涉及的地区广泛，沿线各国政治体制各不相同，发展程度参差不一，文化习俗差异很大，区域性矛盾时有发生。特别是中东、中亚以及俄罗斯等地区，政治局势复杂多变。这些地区关系错综复杂，由于能源的敏感性，海外天然气管道的铺设和维护难以获得保障，再加上地区动荡不安，时不时发生局部战争，造成人员伤亡，加之一些不可控的国内外因素，增加了引进海外天然气的风险，从而导致中国天然气供应的不稳定性，影响持续的供应。特别是大国力量的介入更让这些地区动荡不安，使之陷入纷争的漩涡。一直以来中东和中亚紧张的政治形势从未缓解过，时常会爆发政治危机，导致政局不稳定，有关天然气政策的合作也变得模糊不定。同时这些地区的政局不稳也导致恐怖主义猖獗，影响天然气的正常供给和价格的稳定，而且也不利于中国企业在这些地区进行投资，因其人身安全得不到保障，自然也会降低对天然气建设投资的积极性。

8.2.2 沿线地区经济发展水平不平衡

沿线国家众多，既有发展中国家，也有发达国家，其经济水平高低不一，在面临天然气出口时也会有经济技术差异问题。比如当前，俄罗斯及中亚地区的天然气生产国，近年来经济增长缓慢，陷入疲软期，使得扩大天然气产能面临资本不足的严重问题。而西亚国家资本相对充裕，但油价下跌对其影响巨大，尽管全球天然气需求走高，但短期内扩大产能亦面临资金缺口。还有有些天然气分布地区开采难度大，俄罗斯最北边的深海和严寒地区有着丰富的天然气资源，但是开采难度大，目前由于技术的限制还难以对其加以利用。此外，基础设施简陋，不利于天然气的开采与运输。而中国巨大的天然气需求也受制于这些国家和地

区，这在一定程度上也制约了中国的经济发展。

8.2.3 其他大国与中国的博弈干扰

"一带一路"倡议的提出必然有着广泛的影响，有的国家从中受益，也有的国家认为损害了本国的利益，其中以美国、俄罗斯、印度最为明显。在中国推动"一带一路"能源合作中，他们认为该倡议与自己的利益产生了竞争或矛盾。近年来欧盟与中东的外交关系非常活跃，印度由于历史地理原因和高涨的能源需求，也与中东国家关系密切，并且与之建立了多条油气管道。此外，中国深入欧亚的战略也将不可避免地与俄罗斯、日本等国产生摩擦。中国与中东关系的持续升温以及开展的能源合作，极易引发这些大国的不安，从而使这些国家成为中国与中东国家发展深入合作关系的阻碍。

美国一直在打压中国，无论是政治方面还是经济方面，一直把中国当成威胁。而中国在"一带一路"倡议下开展的天然气贸易合作也被美国认为触犯了自身的利益。美国一直推行以美国为主导的亚太合作，以此来扩大自己在这些地区的影响力，并提升自己的地位，同时还可以制衡中国的经济事务。中国与沿线国家的天然气贸易合作，扩大了中国的国际影响力，也在一定程度上挑战了美国的地位，容易引起美国的反制。同时还有俄罗斯，虽然俄罗斯与中国有着天然气合作关系，但是同时也存在着竞争关系。中国与沿线国家的天然气合作必然触及俄罗斯的利益，特别是在中亚地区。俄罗斯在中亚有着举足轻重的地位，中亚国家的能源出口也依赖俄罗斯，如今中国的参与，给中亚国家多了一份出口的机会，这在一定程度上影响了俄罗斯实施的中亚经济一体化进程。此外邻国印度，一直对中国在区内地位的上升有所顾虑，且印度的经济也在快速发展，需要大量进口天然气来满足未来快速增长的需求，这也和中国产生了竞争关系。印度曾经在媒

8 "一带一路"倡议下中国天然气贸易现状、问题及对策

体上发文质疑中国与哈萨克斯坦在卡沙甘油田项目中的合作"抢了印度的合同",以此来表达对中国的不满。不管怎么说,"一带一路"天然气合作战略或多或少会触动其他国家的利益,所以要处理好与各国之间的关系。

8.2.4 中国相关天然气企业的发展不足

目前,国际天然气市场正处于高速发展阶段,其价格受供求关系和国际原油价格影响,上下波动。中国关于天然气市场价格的机制还不合理,国内天然气价格低于进口价格,导致国内企业进口天然气困难。作为天然气进口大国,进口油价偏高直接限制了中国相关天然气企业在"一带一路"项目中的发展。

同时企业缺乏高新技术和管理经验,导致国际天然气竞争力弱。我们的技术在面对我国现有的油田时还能发挥作用,但是在面对海外油田开发时,由于不同的地质特征,需要不同的、更先进的技术,但目前中国企业的技术还不能完全满足现有的国际市场需求。同时,企业也面临着科技开发人才断层、管理人才经验不足的问题。因而企业要想改革,必须发展核心技术、尖端技术,培养年轻的技术骨干,改变管理国际项目的方法,加强外部环境学习,与国际大公司合作,借鉴他们的管理经验和管理机制并进行创新,以跟上新形势的发展。

最后,企业对沿线的一些合作国家或地区缺乏了解。由于各国之间投资环境、法律法规、商业习惯、文化习俗各不相同,并且中国与部分国家和地区历史上的经贸和社会往来相对较少,无论是在企业层面还是社会层面上都对彼此缺乏了解。在这种情况下,中国企业如果在利益的驱使下,贸然"走出去"与沿线国家展开合作,势必存在极大的经营性挑战。

8.3 "一带一路"倡议下中国天然气贸易对策

8.3.1 科学选择合理区位合作

因为沿线国家和地区国情政局不同,所面临的地缘政治和恐怖主义风险也不一样。为了规避此类风险,需要对不同国家和地区进行具体分析,根据不同的区位因素和不同的合作需求,做出科学的区位选择。鉴于各国的政治风险不尽相同,在选择国家进行能源合作时,应该充分考虑各国的国情。

对于低风险的国家像沙特阿拉伯等国可加大投资规模,进行可持续、长久的合作。反之像伊拉克这种局势动荡的高风险国家则要谨慎合作,减小投资规模。同时,中国也有必要与东道国建立战略伙伴关系,开展政治联系,以获取最新政治动态,并在引进海外天然气时采用适当的能源外交战略,让自身具备应变的时间与对策,从而减小损失。

8.3.2 加大经贸合作、扶持机制建设

"一带一路"沿线国家经济水平不一,特别是中亚地区,经济较落后,资本不足,技术缺乏。他们急需寻求国外资金、技术支持来发展经济。而此时就需中国对这些国家扩大援助投资,实现能源互补,以发挥"亚投行"的优势,为中国与这些地区合作提供前提条件,从而获得更多的投资机会,使进口多元化,并保证天然气供给安全。这些地区由于资本不足而无法扩大产能的问题也能因中国的投资而得到缓解,中国也可以获得优惠条件。在基础设施方面要加大投资扶持力度,建设配套设施,特别是管道运输设备,以保证后期运输的可持续性。

同时,中国与沿线国家进行大规模贸易,具有深远意义。此

8 "一带一路"倡议下中国天然气贸易现状、问题及对策

时积极推动"一带一路"油气交易由美元转变为人民币结算，推动以人民币结算为主的交易中心金融体系，减少汇率波动的影响，减少中间手续，从而提升人民币的国际地位，这些都对中国扩大区域贸易的主导影响力有着重要的意义。

8.3.3 加强大国间的友好沟通与合作

"一带一路"倡议在全球范围内都有着一定的影响力，而美国、俄罗斯、印度则是其中受到影响的主要大国，他们过去本就对中国存在猜忌，无论是政治、经济、文化方面，还是国家安全方面，都与中国存在一定的矛盾或冲突，其中一些甚至具有结构性特征。而此次倡议难免会让他们觉得利益受到了一定的影响，所以中国必须处理好与这些国家的关系，始终保持积极的合作态度，加强与大国间在"一带一路"能源重大项目建设方面的合作，其目的在于创造互利共赢的空间，进而最大限度地减少这些国家对中国推动"一带一路"建设的疑虑和抵触情绪。

一方面，加强与美国的良性沟通与合作，在参与区域能源合作的重大问题上，中国和美国之间应该互相尊重双方利益需求，及时沟通相关的问题，并找出问题突破口。中美可以在一些能源基础设施项目上进行合作，鼓励企业在天然气产业方面的来往交流，加强合作，这样可以在不损害对方利益的前提下，共同扩大双方的利益。另一方面，中俄能源合作水平持续上升，巨大的潜力和互补性，使得中俄能源合作逐渐释放，双方都能从中受益。因而，中俄双方可以在现有的天然气能源合作协议下继续扩大贸易规模，加强互联互通建设及技术性支持。此外，中国和俄罗斯还在双方双边和多边关系的框架内积极协调中亚合作，协调两国政府、企业和非政府组织等力量，并在中亚地区开展能源合作，以实现互利共赢。在中亚地区，中国和印度都是人口大国，由于两国国内天然气资源相对短缺，能源需求增大和经济增长迅速导

致两国成为世界上大部分地区的能源消费国,"一带一路"必然也影响着印度。基于此,中国就需要和印度加强安全合作,扩大共同利益,共同推进两国在国际能源治理上的地位,实现互惠共赢。

8.3.4 鼓励中国企业走出去——对外天然气投资

随着"一带一路"倡议的实施,中国要加强与海外天然气市场的合作,实施"走出去"战略,完善天然气市场价格合理机制,逐步使其与国际市场保持一致,从而促进海外天然气产业的发展,为天然气企业提供良好的发展机遇,以推动天然气企业改革。同时天然气合作不仅仅只是政府参与,企业也要积极主动抓住机遇,应对挑战,充分发挥市场在资源配置中的决定性作用,这样才能更好地扩大国际能源市场,扩大外部能源市场份额。中国可以与主要天然气生产国签署两国能源合作协议,以弥补缺乏原始的外国投资合作机制,从而推动多边能源合作协议签署或机制的建立,加强中国企业的外国投资信心和安全。中国企业对外投资将面临当地政局动乱、价格波动、外部排挤、人身安全等一系列挑战。政府应该为"走出去"的能源公司建立完善的海外能源投资基金风险预防措施,出口信用风险预防措施,降低海外能源投资企业的风险,以此更好地保障中国企业的利益与资金安全,提高天然气对外投资的积极性。

中国企业在走出去时,要不断完善自身文化素质。很多沿线国家并不了解中国企业文化,容易产生矛盾和分歧。一个企业的形象也影响着一个国家的形象,不好的形象也会使当地企业对中国产生排斥,从而不愿意与该企业进行合作。因此,中国企业必须建立法律、文化、责任意识,尊重当地文化习俗和国际惯例、规则,重视社会责任、工程质量,提高中国在外人员的素质,从而让维护中国企业和中国国家形象的"一带一路"倡议不被其他国家误解,减少当地人民的担忧。

9 中国从中亚进口管道天然气的现状、问题及对策探讨

9.1 中国—中亚天然气贸易概况

9.1.1 中国—中亚管道天然气线路

中国—中亚天然气 A 线、B 线两条管道都于 2008 年 7 月开始建设，唯一的区别是，A、B 两条管道投入运行的时间不一样，管道 A 线从 2009 年 12 月开始投入运行，B 线从 2010 年 10 月开始投入运行。A 线、B 线都起始于土库曼斯坦和乌兹别克斯坦的边境，途经乌兹别克斯坦、哈萨克斯坦，从霍尔果斯口岸进入中国。土库曼斯坦的天然气进入中国后，与中国的西气东输三线相衔接，从而将天然气运至中西部、长三角、珠三角等地的 14 个省市，形成一条贯穿中国中西部的天然气大通道。管道总长约 10000 公里，在土库曼斯坦境内长 188 公里，乌兹别克斯坦境内长 530 公里，哈萨克斯坦境内长 1300 公里，中国境内长约 8000 公里。在 A、B 管道投产后，这两条管道每年将从中亚输送 300 亿立方米天然气到中国。

C 线工程于 2012 年 9 月开工，并于 2014 年 5 月 31 日投入运行。中亚 C 线天然气管道与 A、B 线的起始地、终止地完全相同，走向与主体平行。C 线的建造主要是为了确保从乌兹别克斯

坦出口到中国的天然气的规模。该管道与新疆的霍尔果斯和中国的西气东输三线相连，将5200公里干线进口的天然气运至中国福州、厦门、广州等东南沿海地区。管道C线和西气东输三线管道形成了一个完整的系统，其干线长度超过7000公里，是世界上干线最长的天然气输气管道。C线全长1830公里，输气能力为每年250亿立方米。中亚天然气管道C线与西气东输三线管道连接，将中亚天然气管道的输送能力提高到每年550亿立方米，可以满足国内23%的天然气消费需求。

中亚天然气管道D线于2014年9月13日在塔吉克斯坦的首都杜尚别开工。D线起始于土库曼斯坦和乌兹别克斯坦边境，经过乌兹别克斯坦、塔吉克斯坦、吉尔吉斯斯坦。管道D线与以前的三条线不同，它不再从新疆的霍尔果斯进入，而是从与吉尔吉斯斯坦接壤的新疆南部的乌恰县进入中国。因此，D线不仅在保障国家能源安全上发挥着重要作用，还可以拉动南疆基础设施建设和经济发展。D线管道总长度为1000公里，其中塔吉克斯坦境内约410公里，气体传输容量为每年300亿立方米，此线连接到中国的西气东输管道线。D线开始使用后，中国将把中亚天然气进口量提高到每年850亿立方米。该条线路组成了完整的中国—中亚天然气管道网络，使中亚五国与中国有了更紧密的联系。它是第一次通过塔吉克斯坦和吉尔吉斯斯坦两国，并与已建成的连接土库曼斯坦、乌兹别克斯坦、哈萨克斯坦的A、B、C线互联。

9.1.2 进口规模

目前，中国通过中国—中亚天然气管道A、B、C线进口天然气，主要从中亚的哈萨克斯坦、土库曼斯坦和乌兹别克斯坦三个国家进口。

2011年到2015年，中国从中亚进口天然气的规模不断扩大。从 2011 年开始，中国从霍尔果斯进口天然气，在 2011 年到 2013 年期间，进口天然气的增长速度较快，由此可以看出中国对天然气的需求不断扩大。在此期间，中国正处于能源结构的变化期，从煤炭消费到天然气消费。国家提倡优化能源使用，煤炭消费量下降，同时提出增加清洁能源的使用，特别是严格控制长三角、珠三角地区的煤炭消费（这个区域天然气的供应主要依靠中亚天然气管道 A、B 线的输入）。在 2013 年到 2015 年期间，天然气进口增速变缓，但需求量还在不断扩大，国内经济发展离不开天然气，而国内天然气供给不足，仍需要通过中亚天然气管道来进口。

从 2011 年到 2015 年，中国从土库曼斯坦进口的天然气最多，因为其有着丰富的天然气资源，已发现有 149 个天然气气田，储量为 17.5 万亿立方米，而且该国的天然气开发起来较为容易，潜力巨大。目前，中国已经成为土库曼斯坦最大的天然气进口国。

9.2 中国从中亚进口管道天然气存在的问题

虽然中国与中亚在管道天然气合作中取得了一定的成就，但是目前仍然存在着亟待解决的问题。中国进口中亚管道天然气的主要问题有：中亚地区管道天然气进口竞争激烈，有来自俄罗斯、美国、印度、欧洲等国家和地区的竞争；地缘政治风险，恐怖主义盛行；运营成本高等。

9.2.1 其他国家或地区的竞争

9.2.1.1 俄罗斯

俄罗斯一直积极参与中亚的竞争与合作，利用其影响力控制中亚五国的天然气资源。从中亚五国天然气资源的开发情况可以看出，俄罗斯在中亚五国天然气工业的发展中发挥了极其重要的作用，因为苏联时期的特殊地缘政治，所有国家的管道都可以通往俄罗斯或经由俄罗斯的天然气管道进行出口。同时，几乎所有国家都与俄罗斯石油公司进行合作，共同勘探开发天然气资源，因此俄罗斯石油公司在与中亚五国的合作中有着相对较好的条件。

自"俄罗斯和乌克兰危机"爆发以来，俄罗斯和乌克兰、美国及其他欧洲国家的关系随之恶化。在双方的经济和能源制裁中，俄罗斯利用向欧洲出口的天然气资源来抵制欧美国家的经济制裁，从而利用其影响加强对邻国天然气资源的控制，中国从中亚进口天然气也会受到影响。俄罗斯对于中国与中亚开展天然气合作感到有一定压力，因其认为中亚是俄罗斯南部边界的自然屏障。中亚天然气以高质量、低成本的优势与俄罗斯争夺国际天然气市场，这对俄罗斯的天然气出口、经济发展和国民经济复苏产生了不利影响。作为世界天然气出口大国，俄罗斯的能源外交是振兴经济、重塑俄罗斯大国地位的重要途径。因此，俄罗斯必须最大限度地控制中亚天然气资源，扩大对中亚的经济影响，加强对中亚的政治影响。此外，俄罗斯建立了欧亚经济共同体，旨在大力鼓励中亚地区的天然气出口继续使用俄罗斯过境天然气管道，从而获取利益。俄罗斯开展中亚天然气外交的主要目的是利用传统影响和地缘优势控制天然气资源的开发和产出。

9.2.1.2 美国

美国向来把中国视为其竞争对手，在进口中亚天然气问题上不可避免地与中国较劲。美国将中亚地区的战略地位看得尤为重要，因此并不看好中国与中亚各国的天然气合作。中国在中亚天然气管道建设的安全和速度上处于劣势，并且中亚天然气管道建

9 中国从中亚进口管道天然气的现状、问题及对策探讨

设成本高、难度大。但是，美国在该地区已经占有较大的优势，在里海地区拥有11.4%的天然气资源，加上美国和英国合资企业在该地区的影响，两国实际已控制了该地区40%的天然气资源。一旦这些天然气资源国的输送量不足，中国管道天然气在这一地区的进口量将直接受到影响。

"9·11"事件后，美国通过反恐战争进入中亚地区，在乌兹别克斯坦和吉尔吉斯斯坦建立军事基地，使中亚国家脱离了俄罗斯，自己独立出来，这一点符合美国的战略利益。中亚地区由于存在较为复杂的民族问题，宗教局势严峻，加上自身经济条件和政治的落后，一直被美国视为国际恐怖主义、极端宗教主义和民族分离主义的首选地。从中亚的地理位置来看，其接近阿富汗的毒品来源地，因而安全局势极为恶劣。美国认为中亚国家应实行民主政治、市场经济并巩固世俗政权，因此，美国开始加强对中亚的民主意识和价值观的影响，以进一步实施自身的发展战略。虽然美国在中亚的战略没有取得显著成效，但这并不代表美国会放弃自己的目的，美国还是会继续加强对中亚的影响。美国的一系列行动实际上是基于长期的战略考虑：美国的目的虽然是削弱俄罗斯，防止未来俄罗斯再次扩大，但美国的战略也瞄准了其在21世纪最重要的对手——中国。

9.2.1.3 印度

在亚洲，中国也有一个强劲的对手——印度，未来最有希望的新兴发展中国家。由于其良好的投资环境和巨大的发展潜力，印度引起了世界各经济大国的广泛关注。据推测，印度在不久的将来会成为拉动全球经济的重要因素之一，目前，有许多国际资本计划流向印度。印度在崛起之路上对能源的需求是必然的。

从目前的天然气供给来看，印度的天然气主要以液化天然气的形式来满足国内的需求，主要流通形式是铁路和公路运输，可

以看出印度的基础设施比较薄弱，这无疑严重影响了经济的发展。根据目前的发展趋势，到 2025 年，液化天然气预计占印度天然气总供应量的 45%。但是如果印度的天然气管道在不久的将来得以建成，它将在一定程度上改变印度的天然气供应形式，还将有助于促进其经济和社会的发展，特别是在印度北部地区。对于土库曼斯坦来说，现在选择印度可以说是选择了一个替代市场。一旦未来土库曼斯坦的天然气输往印度，印度将客观地成为土库曼斯坦天然气出口的另一个大市场，从而成为中国的竞争对手，特别是在天然气价格较高的时期。

9.2.1.4 欧洲

欧洲对中亚的天然气资源十分看重。近 40% 的欧洲国家的天然气都依赖进口，并且很大程度上长期依赖俄罗斯进口天然气，其中超过 30% 的天然气消费来自俄罗斯，但连续的"俄乌危机"迫使欧洲加快促进其天然气供应的多样化，使其增加天然气的进口渠道，扩大天然气的供应量，从而增加在中亚地区的天然气购买量。中亚已经被选为目前欧洲进口天然气的主要来源地，从 2010 年开始，欧洲和土库曼斯坦开始评估通过阿塞拜疆向欧洲出口天然气资源的可行性。目前，土库曼斯坦计划在里海建立一条天然气管道，一直到里海结束，这一管道的建立将直接影响中国把土库曼斯坦视为能源安全储备地的保障方案。

欧洲在双方都实施策略，试图从西边引进天然气，让供应和运输路线多样化成为欧洲实现其能源供应安全目标的基础。欧洲现在极力建立与哈萨克斯坦、土库曼斯坦和乌兹别克斯坦的天然气合作，欧洲作为天然气消费大国，要避免因进口渠道单一、过度依赖俄罗斯而给自己造成不利局面，反之，应拓宽进口渠道，积极促进主要由里海周边国家参与的"欧亚能源走廊"。欧洲各国对天然气的争夺也会极为激烈，现在中国这样的新兴大国与中亚的合作，严重威胁了欧洲的能源安全，增加了欧洲的能源危机，所以欧洲势必会采取相应的措施来避免能源安全危机。

9.2.2 地缘政治风险

中亚的历史非常复杂，它是几个文明的汇合。中亚的历史和文化使其拥有独特的地缘政治特征，因而其地缘政治风险也相应较高，主要表现为以下几个方面。

第一，中亚国家政权转移的不稳定性和地方人民在特殊时期对中国表现出的不友好。在发生政权更迭的国家，没有有效的移交机制，政权更迭对于中亚来说是巨大的政治风险，这种政治风险将会给中国等国外投资者带来无法预测的破坏力，如果这种无法预测的破坏力在中亚扩张，对于与中亚进行合作的外国投资者来说，无论是在施工还是生活方面都具有不可量化的安全风险。例如，吉尔吉斯斯坦的政权更迭导致一些当地人对中国人及其商店进行抢夺，造成了巨大的损失和伤亡。因此，在社会动荡时期，不能保证这一行为不会被别有用心的人利用，第三方破坏、盗窃甚至群体性事件等都威胁着中国天然气管道的安全。

第二，中亚五国间发展极不平衡，缺乏有效的多边合作平台。中亚五国间存在许多差异，一些跨边境合作的项目，如"中国—中亚天然气管道"，缺乏五国区域事务合作平台。各国发展的不平衡大大增加了项目的安全运营成本，这是因为资源国和管道过境国有着不同的利益。

第三，中亚地区的区域恐怖主义长期存在，并受分裂主义、极端主义、国际恐怖主义的影响。中亚地区地理位置特殊，持续受到阿富汗局势的影响，区域恐怖主义活动的范围也因此逐渐扩大。跨国天然气管道频繁成为恐怖袭击的目标，他们企图通过造成人员伤亡和经济损失的方式来达到其政治目的，跨国天然气管道恰恰符合他们的行动特征。恐怖组织通过破坏跨国天然气管道，造成国家和国家之间的矛盾，甚至引起冲突，严重影响了那些以天然气出口为主要经济来源的国家的稳定。大国地缘政治也可能将区域恐怖主义视为博弈的工具，如高加索地区的里海天然气管道。此外，对天然气管道和天然气设备的恐怖袭击将导致环境污染，可能导致国家之间的政治摩擦。与此同时，恐怖主义的出现也给天然气管道的发展造成了很大的阻碍，打消了外国投资者的积极性，导致中亚没有过多的资金和技术支持，中国在中亚的管道天然气的发展也受到了安全威胁。

第四，种族和宗教问题。中亚国家是多民族国家，他们都强调主要民族在自己国家的地位。除了乌兹别克斯坦外，中亚国家主要民族的比例不高，尤其是哈萨克族，1800万人口中俄罗斯人约占35%，非哈萨克人占20%。

9.2.3 运营成本高

对于中亚来说，其开放度很低，中亚的公司很少参与国际项目，没有国际合作经验，也没有国际合作意识，以至于管理理念落后，没有透明的国际标准，专业人才短缺，市场劳动力供给不足。例如，哈萨克斯坦会用劳工指标来限制外国投资企业的进入，没有服务签证，工人是不允许发工资的，被发现后还会被驱逐出该国，所有费用不包括在当地注册公司的费用中。中亚天然气管道的建成，消耗了巨大的劳动力，总劳动力约3500万人。大部分的劳务将由中方提供，高峰期超过2000个小时，从费用和时间来看，当地的劳动许可证手续难以同时承受。

中亚一些国家对中国的工人有一定的偏见，并设置了各种劳动签证的障碍，就算政府的劳动许可证发放了，执行者也会试图阻止，另外部门执行者期望在这个过程中得到个人利益。更重要的是，中亚地区担心劳动力流入影响当地经济，往往会在启动劳动力分配项目谈判的最初阶段，明确本地的雇员必须占较高比例。然而，中亚地区的经济、科技发展较为落后，同样的项目可能需要很多的当地人来完成，甚至有些任务找不到合适的人力资源，使得成本大大增加。

总体而言，中亚五国的天然气基础设施存在着破旧、运输和开采效率相对较低等问题；出口模式相对简单，主要通过管道运输流向俄罗斯，运输方向也相对单一；开采能力普遍低下，天然气资源的局部处理和转换能力较差。

因此，中国—中亚天然气管道合作项目需要大量的基础设施投资，这将大大提高中亚企业对中亚天然气管道的运营成本，所以这一条件也限制了中亚国家天然气项目的国际合作，降低了中国企业在中亚国家从事勘探和开发活动的效率。

中国国内天然气的价格是由政府制定的。首先，出厂价格就是政府的指导价格；其次，管道运输成本也直接由政府批准；最后，向城市居民或工厂输送的加油站的价格也由政府控制。数据显示，中国从中亚进口的天然气每立方米2.5元，而政府平均定价为每立方米1.7元。中亚地区普遍存在天然气价格较高的现象，而中国进口数量越来越多，定价机制却不合理，天然气价格市场的改革需要得到进一步实施。中国目前是第三大天然气消费国，对天然气的依赖程度越来越高。近年来，天然气公司频繁地进行海外投资以大量购买天然气，但由于国内天然气的价格改革始终没有到位，因而严重影响了企业获得高额的利润。

9.2.4 文化差异

文化差异影响着双方沟通和交流的合作效率，进而影响到项目目标的实现。在中国—中亚天然气合作中，双方在经营理念、管理风格、工作习惯等方面均有差异，但文化差异方面尤为突出，这在语言、固有的思维模式、宗教信仰等方面都有所体现。这些文化差异使中国与中亚的沟通更加困难，甚至导致文化冲突,在有多方参与合作的情况下,这种风险的可能性会增大。

9.2.5 经济、财税风险

经济风险是指在与中亚天然气合作过程中由于汇率、通货膨胀和金融危机而导致中国天然气企业遭受损失的可能性。中国从中亚进口天然气是跨国经营,一般都采用美元结算,资金量大,因此,汇率波动较大成为影响中国从中亚进口天然气的主要经济风险因素。汇率变动造成的经济风险具体表现在资金流入产气国前的看涨风险和资金回流时的看跌风险。而通货膨胀必然导致价格上涨和工资增加,进而导致项目成本直接增加,利润也就自然降低。

中亚天然气资源的大多数财税法律和法规都是从苏联继承过来的。近年来,中亚一些国家开始借鉴西方国家的先进经验,制定了大量的法典和单行法律,相应地继续完善天然气财税制度,加强政府在能源开发利用中的控制力和领导作用,从而最大限度地提高国家对战略资源的利益。但实际上,它大大增加了该项目的综合税收负担,增加了中国与中亚国家天然气合作的财税风险。

以哈萨克斯坦为例,近20年来都实行从松到紧的财税政策,特别是在2009年实施新税制后,其大大增加了资源税和出口收入税,导致了天然气合作项目税负的增加,从而影响到盈利能力。新税制实施后,中国在哈萨克斯坦主要项目的综合税收负担从30.21%提高到43.67%,其相应的总利润下降了8.13亿美元。对于中国来说,这大大压缩了中国企业海外的盈利空间。

9 中国从中亚进口管道天然气的现状、问题及对策探讨

9.3 促进中国—中亚管道天然气贸易的对策

9.3.1 从国家层面促进中国—中亚管道天然气贸易

9.3.1.1 积极处理与其他国家和地区的关系

中国应该积极处理与其他国家和地区的关系。世界各经济强国都把中亚看作能源安全的重要保障,并视之为国家战略的一部分,各国都处于激烈竞争的状态,因此,中国要时刻关注中亚局势及各国的变化动向,冷静分析对中国天然气利益产生有利和不利影响的原因,处理好与其他各国的矛盾,找到适当机会,在中亚天然气激烈的竞争中掌握主动权。

(1) 对于俄罗斯。

俄罗斯是中亚地区传统的事务参与者,极力主导在中亚地区的天然气合作及中亚地区天然气资源的外输,而中国进入中亚地区获得了更多的天然气进口,因而双方存在一定的矛盾,但总体上,中国和俄罗斯利益的一致性大于其冲突。中国、俄罗斯及中亚地区地理上相邻,历史及人文方面也有着紧密联系,中国和俄罗斯达成了共同打击对中俄构成威胁的宗教极端恐怖主义、民族分裂主义、维护中亚地区安全与稳定的共识,此外,双方还始终坚持促进区域经济一体化的发展。对此,在进入中亚地区进行天然气产业合作的各大国中,中国要特别加强同俄罗斯的合作,理解和承认俄罗斯在中亚地区的利益,加强与俄罗斯的沟通与交流,建设中国、俄罗斯和中亚多边天然气产业合作结构,与俄罗斯合作开发中亚天然气资源和管道建设,实现中国、俄罗斯和中亚国家互利共赢的合作模式。

(2) 对于美国。

从目前形势来看，中国在中亚不占主导地位，也不处在中亚地缘政治矛盾中心。美国在中亚的主要竞争对手是俄罗斯，而不是中国。所以在处理中亚地区的中美关系方面，中国应该做到以下几点：首先，中国应加强同美国的战略对话和政策沟通，避免在中亚地区进行天然气产业合作时与美国产生矛盾，重点寻找共同利益领域，加强双方在中亚安全事务、天然气基础设施建设方面的合作；其次，中国要时刻关注美国在中亚地区实施的战略，并根据具体情况做出调整；最后，中国要注意美俄两大国在中亚地区的利益点，尽量避免在其中间产生矛盾，同时，应采取合理措施加强同中亚地区天然气产业的合作。

(3) 对于印度。

随着经济的发展，同为发展中国家的中国和印度对天然气的需求在不断增加，使得两国的天然气对外依存度不断提高，为了确保能源安全，两国都制定了多样化进口战略。双方在中亚地区都为获得更多的天然气资源而相互竞争，加之中国"一带一路"建设大力推进了中国与中亚天然气产业的合作，这在印方看来，双方竞争已日益激烈。其实，国情有相似之处的中印两国存在合作的空间，双方都面临"亚洲溢价"、能源安全威胁等问题，所以中印应加强沟通，避免恶性竞争给双方带来损失，加强在能源供给安全保障以及能源技术开发利用等领域的合作，扩大中国和印度的共同利益，从而保障中国和印度的能源安全。

(4) 对于欧洲。

作为世界重要的能源消费地区，中国与欧盟在中亚地区的能源开发、管道走向上存在客观上的竞争关系。然而，在国际气候发生变化的背景下，建立全球能源安全概念、促进国际能源合作已成为维护国家能源安全的必然选择。此外，中国和欧洲在努力使中亚能源实现供应多样化的过程中受到俄罗斯的阻碍。同时，

9 中国从中亚进口管道天然气的现状、问题及对策探讨

由于俄罗斯对中国存在地缘政治疑虑，对中国与中亚的天然气合作持有战略戒心，导致中国与中亚国家的天然气合作出现了诸多不顺。中国和欧洲都是能源的消费地区，应避免恶意、无序竞争，消除资源国通过价格杠杆寻求最大经济效益的可能性，以共同捍卫能源消费国的利益。因此，中国和欧洲应该加强能源立法，在政策和标准制定、监管、科研技术等领域开展沟通和协作，并考虑构建"欧亚能源经济空间一体化"。

9.3.1.2 加强立法

加强相关立法和政策，建立天然气保障和合理定价机制。只有加快建立法律法规，建立和完善自然领域的法律制度，才能为中国—中亚天然气战略提供有效保护。因此，具体应做到：建立天然气安全法律法规和天然气商业储备及监管制度，支持所有天然气公司和相关企业在公平竞争的基础上保护国家利益，破除恶性竞争的天然气市场并对损害国家利益的相关者给予相应制裁；同时建立合理的天然气定价机制，以保证企业有一定的盈利。

9.3.1.3 合作方式——外交合作

中国可以通过外交合作促进天然气合作，中国政府应该充分把握在"丝绸之路经济带"这一条件下的有利环境，进一步加强与中亚国家的外交合作。中国可以在其他方面与中亚进行经贸合作，从而促进与中亚五国的天然气合作。中国还可以利用自己在教育方面的优势和先进的科学技术，通过教授天然气资源理论、传播天然气勘探开发技术和组织相关人员培训，促进双边或多边天然气产业的合作。通过外交合作，处理中国与中亚五国的关系，在促进双方互利共赢的同时，还可以密切关注其他国家在中亚的行为，从而利用一些有利的机会进行投资。

9.3.1.4 建立多边高效机制

要建立多边高效机制,中国政府可以按照以下步骤进行。第一步,根据中国与土库曼斯坦、乌兹别克斯坦、哈萨克斯坦、吉尔吉斯斯坦和塔吉克斯坦五国政府签署的有关协定和补充协定,建立中国、中亚能源合作机制的法律依据。第二步,考虑到建立多边机制的困难,中国必须从原则问题入手,建立现有管道运行安全协调委员会:建立联系机制,明确联系部门;制定好相关协商原则,在中国与中亚天然气合作中出现的问题、矛盾或将要采取的措施,都将由协调委员会相互协商;加强信息交流和协调,在多边框架组织内增加培训和交流的机会,并加强双方合作建设的能力。第三步,将安全协调委员会作为中国和中亚的协商平台,经过一段时期的沟通、磨合,形成六国政府共同的多边协议,并要求各国政府共同签署多边协定,以此作为中亚天然气管道运行多边协调机制的法律基础。第四步,在多边协调机制成熟之后,使之逐步发展成一个固定的区域能源合作机制,用以解决各国之间的各种问题,从而促进中国与中亚各国之间的关系。

9.3.1.5 充分利用上海合作组织

上海合作组织是由中国、俄罗斯、哈萨克斯坦、吉尔吉斯斯坦、塔吉克斯坦和乌兹别克斯坦于 2001 年 6 月 15 日在上海宣布成立的一个政府间国际组织。充分利用上海合作组织平台,深化安全合作,维护中亚地区的安全稳定,为与中亚天然气合作提供一个稳定、安全的社会环境。目前,中国在中亚国家的投资主要集中在油气田,今后,在上海合作组织的平台下,中国企业将积极与中亚国家在科学技术、基础设施建设、加工制造等各个领域进行合作,以此来促进中国与中亚天然气的合作。

9.3.1.6 加强文化交流

研究发现，中国与中亚之间存在较大的文化差异，中国在加强其他方面建设的同时，也应该积极扩大与中亚国家之间的文化交流。显而易见，文化的差异必将影响双方天然气的合作。如果在与中亚国家的合作和交流中没有发展足够的文化基础作为奠基，那么民族之间的关系将难以紧密维系。虽然在地理位置上，中国与中亚国家毗邻，但是在民族文化上，双方存在着很大的差异和距离，这并不符合中国以合作共赢为核心的新型国际关系，也不符合中国特色大国外交的战略。在国际关系上，中亚国家的人民虽然对中国人民表现友好，但是并没有对中国的民族文化有深入的了解，因此中国应不断加强与中亚在文化领域的交流与合作。我们应该以"一带一路"为契机，在文化上，全面加强中国与中亚国家之间的积极交流，促进双方和谐相处，在有相斥意见的情况下做到相互容忍谅解。

国家支持的民间合作与官方合作中经常涉及一些带有政治色彩的交流与合作，而非政府交流与合作可以促进双方放松警惕，使沟通的全过程更加平等、自由、开放。而非营利组织在文化、教育、绿色环保、医疗卫生、慈善事业和公共福利等非经济领域的交流与合作将会有更好的效果，也更能拉近中国与中亚人民在情感上的距离。

9.3.2 从企业层面促进中国—中亚管道天然气贸易

9.3.2.1 提高自身竞争力

企业提高自身的竞争力，是为了确保天然气在国内的可持续供应，建立中亚稳定的天然气供应体系。中国天然气公司在中亚的国际竞争力相对较弱，因此，我们应该积极地构建国际竞争参

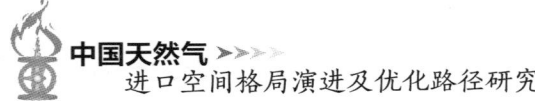

与机制,为企业提供更好的保障,从而提高竞争力,确立企业的市场主体地位。企业在内部应推崇竞争、改善竞争机制、扩大企业的规模和加强企业的实力、强调任务的统一、团结一致对外,从而构成一个国家的利益统一体。现代国有天然气企业制度正在建设中,但其速度需要提高,以确保企业的市场主体地位,增强核心竞争力。

中国天然气公司在科研投资方面也相应增强,特别是在中亚天然气地质条件的投入方面,不断推进新技术成果的产生。科研投资不只是为了提高天然气勘探开发效率,还可以降低成本,也可以逐步缩小与西方跨国天然气公司的差距,从而降低同行竞争的风险和由自身技术制约造成的能力风险。

9.3.2.2 培养专业多元化人才

在中亚发展,中国企业必须注重培养一批既懂技术又会地方语言的高级综合管理人员,此外,他们还要精通国际业务经营和生产、国家政策、法律、税收和社会文化,这样才能降低管理过程中的风险,提升自身跨国经营和管理的能力。为此,中国可以挑选一批在中亚工作的年轻技术干部进行专业培训。而且被选为培训的人要具备以下综合素质:精通俄语,便于交流;精通技术,对项目熟悉;了解政策,提前做好相应准备。

中国企业在中亚建设天然气管道项目的前期,应该充分研究中亚国家的项目标准和规范。对于这种大型的管道建设,每个国家的标准都不一样,这时候就需要多元化人才来进行前期的调查、考究,以减少不必要的麻烦。在中亚,它们都没有采用国际通用的标准,而是根据自己传统的做法来设立标准。中国企业应做足准备,尽可能统一标准,争取消除项目设计的差异,为顺利实施项目奠定基础。

9 中国从中亚进口管道天然气的现状、问题及对策探讨

9.3.2.3 设备国产化

中国应该加快实现关键设备国产化。因为中亚的基础设施比较陈旧，中国在中亚开展天然气合作则需要对其基础设施进行大量的投资。目前，我国大直径、高压管道生产技术日趋成熟，已处于世界先进水平，但大口径球阀、压缩机等关键设备尚不成熟。因此，中国需要进口设备，但进口设备存在很多缺点：成本很高、周期较长、运行维护不方便，所以中国应进一步加快实现设备国产化，促进国内关键设备在跨国天然气管道工程建设中的应用，以实现从进口到出口的历史性转变。

9.3.2.4 完善风险管理体系

对于中亚的财税、经济风险，为了最大限度地降低损失，中国企业必须建立中亚天然气合作项目风险预警机制，通过动态跟踪、预测和评估各种风险，快速制定相应预防和控制措施。同时，我们可以充分利用金融衍生工具，最大限度地降低汇率风险和价格风险，还可以考虑与政府或金融保险机构建立特别风险担保基金以应付紧急风险。此外还可以购买汇率保险和转包风险的措施来规避风险。

针对财税风险这一点，可以从产业的角度来考虑，以此实现效益的最大化。可以通过对天然气企业的整体资源进行整合，参照企业的上游投资和相应的服务合同进行；同时在遵守资源国法律法规的前提下，适当增加高税收地区的成本，合理控制上游企业的利润，并且向低税收地区进行企业转移。中国可以做到以下几点：首先，为了提高工程技术服务企业的净利润水平，有必要通过转移支付降低资源国的税基，以节省部分所得税费用，并加强管理控制期的成本；其次，为了使上游企业中的工程技术服务资本支出和投资支出的比例增大，需要提高企业自身业务的技术

含量和专有水平,硬实力才是提高所占比重的关键;再次,上游企业可以合理地扩大资本,支出投资,最大限度地增加当年的现金收入;最后,紧密结合储备规模、能力建设、地缘政治、汇率等其他影响指标,加强资源性财政税收政策的战略研究,建立更现实的财政税收变化风险应对模型。

9.3.2.5 跨文化管理

中国企业可以通过跨文化管理的方式来降低中亚天然气合作中所产生的文化差异风险。我们必须使中亚的中国雇员认识到天然气生产国的文化差异,让他们在思维方式、价值观、行为习惯、习俗和文化方面加深相互了解;鼓励各种文化背景的员工进行各种形式的交流,这样既可以减少本身存在的民族歧视和偏见,也可以增强彼此之间的信任感。

要营造一个相互尊重、求同存异、积极沟通的氛围。我们应根据当地的情况实施本土化战略,选择一批优秀的当地员工进行培训,并鼓励他们管理一些重要的工作。此外,具有特殊业绩的当地雇员可以得到奖励,例如安排他们在中国进行培训、访问和旅行等。

10 中美天然气贸易现状、问题及对策

10.1 中美天然气贸易现状

10.1.1 中美天然气贸易的必要性

10.1.1.1 中国发展天然气产业的战略考量

改革开放以来，中国经济实现飞速增长，经济的发展伴随着能源的大量消耗。中国绿色能源消耗中天然气所占比例最大，天然气是一种绿色的一次性能源，为中国经济迅速发展起到了非常大的作用，充足的天然气供应使我国经济发展更有底气，也更具潜力。而国内天然气在技术、产量和储备上供不应求，随之而来的天然气进口问题开始出现。中美间天然气贸易合作恰好能够在双方需求上形成互补，中国天然气产能不足是现在问题的关键，在中国对能源消费结构的调整中，天然气的消费占较大比例。当市场开始出现供不应求的现象时，中国在页岩气的技术突破上却还处于研发阶段，以至于无法大量、高效地对页岩气进行开采。由于客观条件的限制，中国天然气来源大量依赖进口，据有关数据分析，中国天然气需求总量的一半依赖进口，美国政治环境比较稳定，天然气开采技术处于领先地位，与其他供应地区相比，能够助力中国天然气多样化进口战略有效发展，同时在结构层面

上减少对中东等地区的天然气依赖程度。美国先进的页岩气技术也是中国在天然气技术上的短板,从战略眼光来看,中国同美国开展天然气合作能够在技术上有所突破,为中国天然气能源的发展提供技术参考。

10.1.1.2 美国发展天然气产业的最佳选择

在过去的十年中,美国经历了"页岩气革命",使得美国天然气市场的供求关系发生了巨大的变化。自2009年以来,美国的天然气产量持续增长,并超过俄罗斯成为世界第一天然气大国。而在这样的大背景下,美国天然气价格下降,却没有带动其天然气消费量的快速增长;相反,其他价格低廉的能源和光伏行业的发展以及相关原因直接造成消费量的下滑。美国工业天然气的使用总量持续下滑,经济快速回暖也没有促使天然气消费总量的增长。天然气使用量最大的行业是钢铁制造业,受世界钢铁产量过多的干扰,美国钢铁总产值仅占所有产量的69%。伴随钢铁生产量的下滑,美国天然气使用量也逐渐下滑。这造成了美国天然气市场生产过剩的情况。为了解决这个问题,2013年美国政府决定开始对外出口天然气,旨在使用其他国家市场来消费本国国内使用过剩的天然气资源。假如没有办法将过剩的产量输送到国外市场,美国很有可能随之出现一系列的市场反应,比如中小天然气企业难以存活、企业工人面临失业,长此以往,美国天然气行业乃至国民经济都将受到破坏性打击。因此,通过将国内过剩的天然气产能大规模出口到天然气价格偏高的亚洲,美国不仅能创造出更多的就业岗位,促进行业整体发展,而且也能实现大幅盈利,带动美国经济增长。

10.1.1.3 为改善中美贸易平衡贡献力量

来自美国商务部的统计显示,从1985年至2017年,美国与中国间的贸易逆差总值是 47380 亿美元，伴随着我国综合实力的增强，贸易发展不平衡的情况对中国造成了较大的消极影响，数目庞大的外汇造成了通货膨胀的现象，中国和美国之间的贸易摩擦逐渐增加。

中国和美国贸易中存在的问题仍然是当前中美关系的重点问题，但是两国的贸易逆差又变成了中美两国贸易问题中最核心的问题。那么如何缓解中美贸易逆差、减少贸易摩擦也是中美贸易的当务之急。根据彭博新能源财经分析师的报告研究，到 2030 年，中国的液化天然气进口量可能攀升至 8200 万吨，假设完全从美国购买上述液化天然气，对贸易平衡的贡献大约是 280 亿美元。这样看来，为了使美中贸易逆差缩紧，中美之间签署天然气大单也是一大战略。

10.1.2　中美天然气贸易现状

10.1.2.1　美国天然气输出能力

《BP 世界能源统计年鉴》数据显示，美国天然气产量快速增长，出口潜力巨大，在 2025 年至 2035 年期间有可能成为全球最大的液化天然气供应国。2017 年 11 月特朗普访华期间，中美签署了天然气合作大单，使中美两国间的液化天然气贸易合作有了一个良好的开端。2018 年中美签订了首个长约贸易合同，中国对美国天然气的需求将持续升温。

随着美国页岩气技术的突破，美国国内需求和市场呈现出饱和趋势。近年来，美国液化天然气产量迅猛增长，页岩气大范围的开采，使得美国天然气生产总产值在 2009 年达到 5933.8 亿立方米，超过了俄罗斯成为位居世界第一的天然气生产国。美国天然气行业在技术上出现质的飞跃，决定了美国天然气的出口能力。美国国内天然气化工巨头公司也开始运用新技术进行大规模

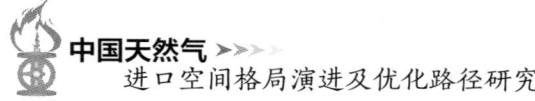

生产开发,为美国天然气行业不断输血,在源头上提升了美国天然气的储存量,同时也在生产源头上保障了美国生产天然气的能力。随着技术的发展,美国天然气市场开始以出口为核心,随之带来的是在基础设施、配套服务上的建设,美国国内开始扩大天然气管道设施建设,同时在出口码头和天然气运输相关设施上不断扩大建设。首批次的出口码头运行,这为美国天然气出口提供了强有力的保障,同时也为其输出能力做了提升。

10.1.2.2 美国天然气价格

美国天然气的价格以亨利中心(Henry Hub)为参照标准,这样的价格和油价是没有关系的,也就是说天然气价格是由供求关系决定的。在页岩气技术实现突破的前提下,美国的天然气管道设施建设不断扩大、天然气产值飞速增长,以至于天然气的价格出现了下降的趋势,并一直在低位运行了很长时间,这使美国天然气具有与生俱来的价格优势。从中国进口液化天然气的均价来看,美国天然气并不一定具有竞争优势,根据当前市场水平估算,美国液化天然气出口到亚洲的总成本高于从澳大利亚、东南亚出口到中国的价格。以美国墨西哥湾沿岸的液化天然气项目为例,运往东亚地区的运费为1.85美元/百万英热单位,液化费用为3.5美元/百万英热单位,必要成本达到了5.35美元/百万英热单位,另外美国的天然气价格为7.35~9.35美元/百万英热单位,以2016年为例,这个价格高出中国液化天然气进口均价13%~43%,显然美国缺乏竞争优势。因此,美国天然气如何显示和打造自己的竞争优势将对双方天然气贸易前景产生很大的影响。

10.1.2.3 中美天然气贸易阶段与规模

中美天然气贸易最早起源于2011年,美国通过转口贸易向中国输出了液化天然气,这是中美间最早的天然气贸易记录,随后在 2016 年,美国首次正式向中国出口液化天然气。海关数据显示,自 2016 年 8 月中海油深圳大鹏液化天然气接收站进口首艘船只约 6 万吨的美国液化天然气现货资源以来,截至 2017 年年底,中国共进口 172.75 万吨美国液化天然气资源,中美间天然气贸易的规模在逐渐扩大。随着进口量的不断增加,当前在双方达成合作意向的基础上,中美两国在天然气贸易上取得了阶段性胜利:2018 年 2 月 9 日,中国石油与美国切尼尔签署了液化天然气购销协议(SPA),旨在从美国的墨西哥湾沿岸向中国出口液化天然气,这标志着中美首笔订单——液化天然气长期贸易合同落地。这份长约合同在中美天然气贸易历程中有着深远的意义和影响。

中美两国天然气贸易总量依然较低,受到了许多因素的影响,造成了中美油气贸易进展缓慢,中美间天然气贸易规模还属于初步发展阶段。

10.2 中美天然气贸易存在的问题

10.2.1 中国天然气进口市场竞争激烈

亚太地区是中国天然气进口的主要来源区域,也是和中国建立天然气贸易关系最早的地区,其中以印度尼西亚、马来西亚和澳大利亚为代表。中国与这三个国家都签订了天然气贸易合同。首先,中国与印度尼西亚签署了为期 25 年的液化天然气购买合同,双方相约从 2009 年开始,中国每年从印尼进口 260 万吨液化天然气;然后,中国同马来西亚签订了为期 25 年的液化天然气购买合同,合同内容为我国从 2009 年开始到 2011 年,每年从马来西亚进口 100 万吨液化天然气,2012 年之后进口数量由每

年100万吨增长到300万吨；中国与澳大利亚更是签署了3个液化天然气长期购买合同，中国往后每年都需向澳大利亚进口770万吨液化天然气。卡塔尔和伊朗两国与中国签署了液化天然气购买合同约定：从2011年起，中国每年要从卡塔尔和伊朗两国进口500万吨和300万吨液化天然气，并且要保持长达25年的天然气贸易。

俄罗斯一直是中国在能源行业的长期合作伙伴，中美天然气贸易中，俄罗斯带来的冲击与竞争是必不可少的。2014年5月，中国和俄罗斯签订了期限为30年，总价为4000亿美元的中俄天然气贸易合同。中国同土库曼斯坦、哈萨克斯坦以及乌兹别克斯坦等国进行了天然气贸易。

中美间天然气贸易起步晚于中国其他的天然气贸易合作伙伴，在中美天然气贸易史上，第一笔液化天然气贸易在1997年，但不属于官方认可的行为，随后在2011年有一笔转口贸易，从一定程度上来分析也不属于官方行为。直到2016年才有了正式渠道的第一笔天然气贸易订单，因而，从时间上来看，中美间天然气贸易起步较晚。通过对比中国其他天然气贸易合作伙伴及其成熟稳定度，中美间天然气贸易还属于初步阶段，美国天然气占据中国市场将是一个充满艰辛的漫长过程。

美国天然气想要进军中国市场仍然存在一定的限制条件。自2010年以来，美国一直处于天然气的繁荣发展期，全球能源供应迅速增长，液化天然气供应过剩，卡塔尔、马来西亚、澳大利亚等国在东亚液化天然气市场占据了有利地位，中国液化天然气的进口国也以澳大利亚、卡塔尔、印度尼西亚、马来西亚为主，因为这些地方具有出口天然气到中国的地理优势，例如从澳大利亚或卡塔尔等国进口液化天然气到中国路程更短，到达时间更早，价格也会更低。这几大市场的相互较量带来的冲击必不可少，对尚未成熟的中美间天然气贸易也会有较大的影响。美国天然气进入中国市场也必将面临这些国家天然气供应商的竞争,而美国天然气出口中国能否经受住对手的强势竞争还有待商榷。虽然美国已经和中国签署了建议扩张美国液化天然气对华输出的贸易协定,但是美国在中国液化天然气市场仍然处于次要位置,中国每年只有大约5%的进口液化天然气来源于美国,这个比重短时间内不会大幅度增加。

10.2.2 政治壁垒挑战重重

中美间天然气贸易受美国政策问题的影响比较大。在美国制定的贸易政策对中国友好时,双方合作前景非常广阔,尤其是在中美天然气贸易协定签订后,变化尤为明显,从美国2016年的第一船液化天然气到现在的全面出口液化天然气,中美间液化天然气贸易总量呈持续上升状态。近几年的中美贸易战将对中美间天然气贸易带来挑战。由于关税和限制条件的影响,液化天然气的进口单价必将呈现上升趋势,对中方尤为不利。对仍处于初级阶段、各项政策和现实情况都还不稳定的中美间天然气贸易而言,无疑是当头一棒。美国贸然实行贸易战政策,造成了两国间政治互信的巨大缺失,反反复复的政治壁垒和不稳定性,必将对中美间天然气贸易带来重重挑战。基于此,中美间更应该加强政治互信,尊重双方立场,友好协商,确保互利共赢,才能为中美间天然气贸易带来新的发展和战胜困难的可能。

10.2.3 中美天然气贸易存在风险

中国天然气消费的需求总量大量增加,让我国面临着同石油一样的能源供给源不稳定因素。美国政府十分重视商业利益,以扩大能源输出作为实现"能源主导权"战略的主要措施以及"美国优先"战略的重要支撑,使得中美天然气贸易具有现实性。但是,从美国进口天然气也有一些不得不考虑的风险因素。

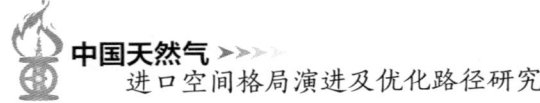

首先,美国亚太战略的不确定性为中美天然气贸易带来了极大的风险。美国政府虽已结束亚太再平衡战略,但其阴影尚存,加上美国之前提出的印太战略,说明美国政府的亚太战略可能以别的方式出现,中美天然气贸易仍然存在变数。美国天然气出口到亚洲地区完全可能被其他亚太伙伴吸收,对中国天然气安全战略构成极大的威胁。其次,从美国进口天然气存在一定的商业风险。在付款时限方面,由于美国油气运输至中国大概需要50天,发货后一个月付款对中国企业来说会有一定的现金流压力。此外,从美国进口天然气与美国天然气的出口政策紧密相关,美国能源部虽然在考虑增加天然气出口,但大规模的天然气出口也将导致美国国内天然气价格上涨压力增大,因而在没有长期合同的约束下两国天然气贸易仍存在一定变数。2018年2月9日中国石油与美国切尼尔签署的液化天然气购销协议(SPA),标志着中美首笔订单——液化天然气长期贸易合同落地,但是合同签约量并不大(120万吨/年)。未来中美在长期贸易合同的道路上还需要不懈的探索和实践,并不会一蹴而就。

10.3 促进中美天然气贸易的对策

10.3.1 加大中美天然气贸易力度

由于中美天然气贸易起步较晚,美国天然气在中国市场占据一定的地位势必会面临一些挑战,为确保中美天然气贸易健康快速发展,从中国的角度来说,需要政府和天然气企业在国内采取相应改革措施以适应美国天然气进入中国市场。政府需要在此方面起到带头作用:第一,政府成立专门的中美天然气管理部门,该部门根据国际天然气战略形势的变化制定两国积极可行的天然气发展策略。研究美国的天然气政策以及相关的法律法规,紧跟国际及美国天然气政策的变化而进行相应调整，使得中美天然气贸易在实践中减小发展阻力，往更加合理与完善的方向发展；及时发现中美天然气贸易中存在的问题，找出问题的原因并呼吁其他相关部门一起积极解决；对中美天然气未来发展的态势做出准确的预测，挖掘中美天然气贸易的可行性和必要性；根据两国天然气贸易的实践，向全国人大提出促进中美天然气贸易的法案建议，使相关法案更具操作性，以适应两国贸易中的法律保障体系需求。第二，推进天然气体制改革，加快出台天然气体制改革相关实施细则和配套政策，重点推进与天然气价格改革、管道和液化天然气配套的基础设施建设有关的法律出台等；放开液化天然气进口限制，增加市场供应主体；分步推进天然气主干管道独立，推动省际、省内天然气管道向第三方公平开放，实现管道公平接入的目的；加强输配气环节成本监审和价格监管，创立配售环境中公平竞争的市场。与此同时，政府还需要加大推动天然气产业的混合所有制变革。再者，为了让已经得到国家认可资质的民营企业办事方便，应贯彻落实好民营企业的天然气进口权和使用权，调动民营企业的积极性、自主性；另一方面，为民营企业的液化天然气接收站的建设提供项目融资以及适当的技术援助，充分地调动社会资本，更好地服务于国民经济的发展。第三，中国政府应该继续加大管道以及液化天然气接收站等基础设施投资建设力度，改进和提高基础设施质量，提高可持续使用程度，调整结构，优化布局，提升作业能力，努力向发达国家标准看齐，推进贸易便利化，从而为美国天然气进入中国市场提供有效平台，促进中美天然气贸易。除了政府的努力，中国天然气企业也要积极加入改革阵营：一方面，深入了解美国天然气行业的现状、企业文化，了解美国政府对企业的扶持力度等政策，投资美国天然气勘探开采等上游活动，同时提升自身核心竞争力，增进与美国天然气企业的沟通与交流，争取获得信任以拿下与美国天

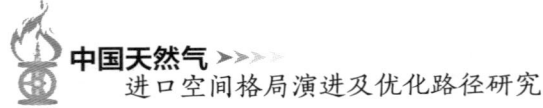

然气企业的贸易合同。另一方面，国有企业可以通过向外推出销售业务，向第三方出售股权等方式引入社会资本、民营资本来实现混合经营，进行市场化改革，并借由混合所有制改革的途径逐步完善现代企业制度，分担企业资金压力，避免企业因陷入资金周转困境而影响与美国天然气企业的贸易进展。

从美国的角度看，本身要在中国的天然气市场立足也非易事，首先美国需要加强本土终端建设，并且应具有价格优势，才能够提升美国天然气的竞争优势。一方面，现有的基础设施将不能满足美国天然气的出口增长，因此美国政府应该投资天然气基础设施建设，对液化天然气出口终端进行建设和扩张，以免中美天然气贸易受到来自基础设施不足的阻力；同时，美国政府可以寻求与中国在天然气管道设施、液化天然气接收站等方面的合作，完善两国的基础设施配套衔接。另一方面，由于美国天然气市场竞争压力大，因此美国要找到自己出口天然气的优势，在价格上冲击其他天然气贸易国的液化天然气价格。中国作为全球能源进口大国，利益在于获得稳定和廉价的进口能源供给，尤其是需要最大限度缩小、消除中国能源价格与其他主要化工国家能源价格之间的差距。美国兼具世界天然气生产大国和消费大国的身份，既要保持国内企业天然气产业的盈利水平，又要为中国提供尽可能廉价的天然气供给。如果美国能够在西海岸与阿拉斯加地区建设液化天然气出口终端，长期来看就能降低美国出口到中国的天然气成本，有利于美国开拓中国的天然气市场。

10.3.2 增强中美政治互信，深化中美天然气贸易合作

中美应该在建立政治互信的基础上进行天然气贸易，从而为中美天然气贸易提供良好的政治环境。首先，中美天然气贸易不能单从一个国家入手，应当通过在两国政府和企业之间建立对话机制，通过对话协商妥善解决分歧，促进交流与理解，以此来增

进政治互信程度。中美双方都是亚太经济合作组织的成员,两国可以充分利用这一平台,在组织的框架内加强天然气贸易合作,同时双方都应遵守组织内的相应条款,尽量避免贸易冲突。其次,两国可以建立天然气贸易协会以作为日常沟通机制,中美两国有着不一样的文化习俗,在贸易过程中难免产生误解,从而引发贸易分歧,影响双方的互信程度,如果两国能够建立天然气贸易协会这种经常交流的机构,就能及时消除中美两国在贸易中产生的误会,减小贸易阻力。同时这样的机构应该有精通本国贸易文化、商业习俗等的双方人才的加入,使得两国从事天然气贸易的商业人员在了解对方文化的前提下进行贸易。再次,两国应该在加强人文交流方面做出更大的努力,以消除贸易分歧,提高信任度。中方可以加大对自身国际形象的宣传,加强美国天然气企业对中国的了解,让美国深刻地认识到中国历来是一个倡导和平、互利的国家,从而消除美国的贸易顾虑,为两国长期的天然气贸易提供良好的政治环境。最后,中美可以从双方经济合作利益层面出发,结合各自实际情况,为相关问题建立处理小组,在不损害双方利益的前提下,通过增进政治互信,创造一个精诚合作、互利共赢的良好局势,并做到面对分歧克服困难,为中美天然气贸易保驾护航。

10.3.3 完善中美天然气贸易机制,防控风险

中美天然气贸易面临着经济以及政治上的若干风险,需要中美双方立足长远,加强天然气贸易的顶层设计与规划,树立"互利共赢"的原则。两国政府借助已经建立的双方对话机制,依托亚太经济合作组织,制定中美天然气贸易战略和长期贸易规划,积极构建中美天然气贸易机制和安全有效的风险管控体系,有效防范和规避贸易中双方经济、安全、市场、汇率、政策、法律变动等各种风险;推动建立安全保障、应急协调等双边、多边合作

协调机制,有效保障天然气项目和跨境管道长期安全平稳运行。面对各种变数,中美双方应在沟通的基础上签订贸易合同,包括长期合同,从而保证中国获得天然气资源的稳定性,避免中国与美国天然气贸易的波动幅度过大,同时以亨利交易中心天然气期货价格为基准来谈判合同,逐渐实现气价与油价脱钩,或者采取亨利交易中心气价与原油价混合定价,达到对冲风险的效果。美国成为我国的天然气长约国,将更有利于促进中国液化天然气进口渠道的多元化,从而降低贸易风险,保障国家能源安全。

其次,从中国的角度看,由于目前中国尚不能摆脱对国外天然气的依赖:一方面,中国的天然气企业需要逐步提升自身实力,学习美国等先进国家的勘探开采技术,加大探明储量减小对外依存度;另一方面,为了避免受制于某一国,保障能源安全供应,中国企业应当放眼全球,继续寻求新的贸易伙伴,减少对某一国进口能源的依赖,无论是液化天然气、管道天然气还是页岩气,如果能拓宽进口渠道,风险系数就能相应降低,中国天然气需求的安全性也就越高。

11 中国开发北极天然气的前景展望

11.1 北极天然气开发现状及问题

11.1.1 北极天然气资源概括

11.1.1.1 北极地理概述

北极位于地球七大洋中的北冰洋，纬度为90°N，是地球所有经线共同经过的点之一。北极地区的领土总面积为2100万平方公里，其中北冰洋覆盖了1300万平方公里，陆地部分共占地800万平方公里。北极的陆地部分包括冰岛、瑞典、加拿大、俄罗斯、挪威、丹麦、芬兰和阿拉斯加州八个地区，北极的总人口为700万。

11.1.1.2 北极天然气储量及分布

美国地质调查局在北极地区发现了1669万亿立方米天然气。北极天然气资源占世界天然气总储量的30%，主要分布在欧洲和俄罗斯，其中俄罗斯的天然气储量预计将近20万亿立方米。北极未经证实的天然气资源主要分布在南巴伦支盆地、北巴伦支盆地、阿拉斯加盆地以及南喀拉海。北极的天然气大部分储藏在沉积盆地地区，这些盆地的地质有微小的差别。

11.1.2 北极天然气开发现状

北极的第一口油井是加拿大的诺曼威尔斯公司在1920年钻探成功的，距今已经过了一个世纪。目前，北极每天可以生产1.2亿吨液化天然气。北极天然气勘探开发开始从陆地向海上转移。2011年，北极海上钻探了13口新探井，越来越多的国家将钻井移向北极海域。

11.1.2.1 俄罗斯开发现状

俄罗斯的国家支柱产业之一就是天然气开发。俄罗斯在亚马尔半岛开发了液化天然气项目，价值已经超过270亿美元，这个项目在经济和政治方面都有着重大意义。俄罗斯在亚马尔半岛计划钻探超过200个气井，建设了很多天然气液化设施，基础设施建设较为完善，这表明俄罗斯已经全面开启了开发北极天然气的项目，俄罗斯在北极天然气的开发进度已经远超其他各国。由于境内陆地天然气储量的逐渐枯竭，为了保证自身的发展需求，俄罗斯对北极海上天然气的开发已经越发迫切，因其需要依靠北极海域的天然气生产来实现年度预算。2013年，俄罗斯政府通过了《2020年前俄罗斯联邦北极地区发展和国家安全保障战略》，强调了北极天然气的重要性。

11.1.2.2 美国开发现状

1867年3月30日，美国花费720万美元从俄罗斯手中买到了阿拉斯加州。美国虽然获得了阿拉斯加这块北极天然气资源和海上战略的跳板，但是似乎并没有着重于开发北极，其目前在北极开发资源的程度远远落后于俄罗斯和其他国家。美国对于开发北极资源的态度相较于其他国家似乎没有那么积极，虽然美国一边呼吁北极资源开发将会使全球气候变暖加剧，但背地里又批准北极勘探计划并参与布局北极勘探。2015年3月，美国壳牌公司在阿拉斯加北极水域的钻探计划获得了美国政府的批准；但半年后，壳牌公司就宣布推迟北极圈的勘探项目。2015年10月，美国内政部宣布计划在2016年至2017年间暂停在阿拉斯加北部水域的天然气开发管理权。这一系列变化不仅反映了北极发展的巨大挑战，也反映了美国政府监管环境的不可预测性。2016年7月，美国颁布了北极地区最新的石油和天然气勘探环境保护及安全法规，对石油和天然气公司的泄漏响应机制提出了更高的要求，石油公司应具备为进口建立防护罩以防泄露的能力。

11.1.2.3 加拿大开发现状

最早一批开发北极天然气资源的国家中就有加拿大，相对于开发北极资源，加拿大更注重保护北极在世界上的主权。2013年，加拿大作为北极理事会的主席国，提出了将促进北极航运发展作为主要任务的建议，并获得了其他理事会成员国的认可。加拿大的天然气资源主要位于波弗特海，雪佛龙有限公司和英国石油等国际公司也获得了波弗特海的采矿权，但由于技术和发展时期的原因，开采工作被搁置。最近几年，加拿大天然气公司一直希望能够得到开发北极海上天然气的权利，但是目前为止还并未成功拿到开发许可证。

11.1.2.4 挪威开发现状

挪威天然气资源非常丰富，很早以前就致力于开发北极的天然气资源，有十分丰富的经验和过硬的技术，相对于其他国家更加安全可靠。挪威的开发标准十分严格，这也使得挪威在天然气资源开发方面代表着最高权威。当全球油气价格下跌时，挪威也是其中的受害者之一，天然气出口收入大幅下跌，数以百计的天然气开采平台闲置歇业，开发天然气的投资也不如之前，规模急

剧缩小。但是,挪威却并未停止北极天然气开发的步伐,反而选择迎难而上。2017年6月,挪威国家石油公司宣布开始与俄罗斯石油公司在鄂霍次克海合作开展天然气勘探工作。此外,在2017年挪威的北极油气勘探许可证拍卖会上,挪威被授予了10项油气勘探许可证,其中3项地处与俄罗斯有争议的边界。

11.1.2.5 中国开发现状

中国从2016年10月开始在北极地区进行了北极天然气勘探活动,任务包括勘探北极巴伦支海附近的区域,此次活动成功开启了中国开发北极天然气的新篇章。2017年12月,中国和俄罗斯共同开发的亚马尔液化天然气项目已经开始投入运营。整个项目耗资190亿美元,其中中国投入了120亿美元融资,中俄双方在此项目上可谓双赢。

11.1.3 北极天然气开发面临的问题

北极天然气开发目前主要面临着几个严峻的问题。首先,北极地处北寒带,天气条件极其恶劣,平均每天都是零下几十度的超低温环境,随时都可能出现暴雪和飓风等恶劣天气。其次,北极地形结构复杂多样,工作人员无法稳定地进行天然气的勘探开发工作,随时都有可能面临生命危险,这导致了北极目前还有将近一半以上的低洼盆地没有进行过天然气勘探工作,因而北极地区的勘探和开发程度是世界上最低的。此外,由于地理位置的原因,北极从经济以及政治等多方面都极大地制约着人类对其天然气的开发。

11.1.3.1 北极地区条件恶劣对天然气开发要求严苛

第一,北极拥有大量的海冰,即浮在北冰洋上的那些冰山。为了避免在海上作业时被冰山撞到,需要建造可移动的钻井平台，保证遇到危险时可以及时撤离，以免影响开发进度，造成损失。而且还需要安装大量的检测设备，包括卫星雷达，对进行天然气开发的作业区域进行 24 小时无死角监控，保证有海冰靠近钻井平台时可以第一时间发现，并派出工作人员进行除冰作业，以确保开发任务顺利进行而不被影响。如果发现无法及时清除的海冰，就需要及时停止现有的工作，将钻井平台撤离到安全的地方，以确保工作人员及设备的安全。

第二，北极全年天气寒冷，经常有暴雪飓风，对工作人员进行天然气勘探造成了巨大的影响。北极最冷的时候温度可以达到 $-50℃$，这是人们几乎无法忍受的温度，这种低温会影响工作人员的工作效率，同时开发生产的机器设备在如此低温的环境下非常容易出现故障，因此在北极开发天然气需要非常稳定的设备才能保障工作的顺利开展。

第三，北极的生态环境十分脆弱，如果发生意想不到的情况，类似于天然气爆炸、泄漏等，不仅会对天然气公司本身造成影响，还会给北极的生态系统带来不可逆转的破坏。2011 年 6 月，美国地质调查局对四百多份学术刊物、研讨会论文、科学进展报告和网站数据进行了全面评估，得出了结论：今天的世界在北极仍然缺乏有效的"漏油评估、准备和响应措施"。

第四，北极的土壤条件非常差，大部分地区都属于冻土区，这给地面施工造成了非常严重的影响。

11.1.3.2 北极天然气开发受经济因素影响

首先，开发北极天然气的成本比在其他地方开发天然气的成本要高出很多。在北极开发天然气的大多是国际天然气公司，而一个公司的最终目的都是盈利，如果不能获得令人满意的经济收益，就不会有公司愿意投资北极的天然气开发。目前现有的技术手段使得开发北极天然气所需要的成本很高，包括开发设备、运输费用、员工工资等,相比于其他地方都要高出一部分,为了保证公司能够盈利,只能提高天然气的价格,同时为了加快北极天然气的开发进度,天然气的价格将会比市场上的价格高出不少,从而导致天然气价格不稳定。如果不能进行合理规划,在北极经营天然气开发的公司将会面临着盈利收入低于开发成本的尴尬局面,这将会使开发公司处于不利地位,甚至会导致公司暂停开发北极天然气项目。

其次,全球宏观经济衰退将导致天然气的消费和投资下降。2008年的国际金融危机导致了2009年的油气消耗和上游投资下降。到目前为止,危机的深刻影响尚未完全消退,仍然影响着现在的市场。全球经济水平运行下降阻碍了天然气的消费和上游投资。

根据目前的天然气市场状况,可以知道开发北极天然气并没有优势。天然气是北极的主要能源,主要分布在北极的近海地区,该地区是目前全球天然气管道所未触及的地方,这意味着需要重新构建天然气管道,使之能够运送到需要天然气的用户手中,这是一个非常消耗时间以及财力物力的事情。到目前为止,挪威在北极近海地区只有一家液化天然气工厂,未来将很难出口液化天然气。美国目前大规模开发的卡塔尔液化天然气项目以及"页岩气革命"等活动将会转移一大批潜在的天然气消费国,这无疑会影响北极天然气的发展。

11.1.3.3 政治因素可能会限制北极天然气的开发

第一,进入21世纪以来,北极的各个国家对于北极的环保意识正在逐渐增强,这导致了开发北极天然气的进度减缓。加拿大和美国等国都受到了2010年4月墨西哥湾漏油事件的影响,之后,各国加强了对石油天然气公司的监管力度,在安全生产方面也变得更加严格谨慎。2013年美国壳牌公司暂停在阿拉斯加的业务，原因是美国内政部查出其违反了美国的环境和安全生产法规。格陵兰政府也于2013年年初暂时停止发布北极石油和天然气勘探许可证，并着重宣布政府将对目前所有的勘探活动加强监督。

第二，国家实施的财政鼓励措施是降低开发北极天然气生产成本的主要影响因素。目前很多资源大国现有的财政政策还不足以支撑其进行北极天然气开发项目。虽然世界生产天然气的主要国家先后出台了北极地区油气勘探开发的税收减免政策，但目前政策的实施少之又少，且缺乏严谨性，需要进一步完善。其中，俄罗斯的斯托克曼气田的长期商业生产就是国家缺乏有效财政激励措施的经典案例之一。当时，包括挪威国家石油公司、俄罗斯国家天然气公司和法国总公司在内的三大天然气公司共同投资设立了斯托克曼气田开发公司。然而，自2008年公司成立以来，斯托克曼气田开发项目长期未实现商业化，2012年8月挪威国家石油公司正式宣布撤资，导致项目最终以失败告终。该项目迟迟不肯进行开发生产的重要原因就是，俄罗斯政府至今都未对该项目提供足够的税收优惠，导致该项目的生产成本太高，难以达到公司的要求，运营商也无法获得约定的盈利利润。

第三，北极仍然存在主权争端问题，到现在还没有得到合理的解决。存在主权争议的北极地区不能进行天然气的勘探开发活动，这极大地影响了北极天然气的开发进度。北极的国家都受到联合国海洋法的保护，他们各自都拥有权利享受包括二百多个国家的专属经济区。美国、加拿大、俄罗斯以及挪威等国之间还存在主权争端问题，如果该问题不能尽早得到有效解决，各个国家就不能得到自己满意的结果，这将对北极天然气的开发造成不利的影响。

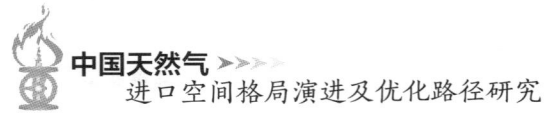

11.2 中国开发北极天然气的必要性及可行性

11.2.1 中国开发北极天然气的必要性

北极天然气能源资源的价值着重体现在战略价值方面。北极天然气开发的巨大挑战，也意味着它将为中国和中国企业带来巨大的战略价值。

从国家角度来看，中国正处于经济飞速发展的态势，而与之相应的是天然气资源供不应求，进口需求量直线增加。如果短期内国内天然气产量不能大幅增加，从天然气田的勘探、开发以及天然气的运输、加工、销售等方面来看，该周期通常需要5年到10年。同时，这取决于储气库存，由于中国天然气储存和天然气储存建设仍处于起步阶段，因而天然气需求的快速增长就只能通过增加进口这个方式来弥补。

参与北极天然气开发对维护中国能源安全具有十分重要的意义。2017年7月，中国石油公司与俄罗斯石油公司签署了北极联合作战协议，这表明了中国政府正在积极参与北极天然气的开发，并且做好了和其他国家共同开发北极天然气的准备。基于此，中国为本国公司开发北极天然气提供了一个好的平台，并成功地迈出了第一步。

从中国企业的角度来看，虽然北极天然气的开发在短期内可能不会带来显著的经济效益，但对于中国企业而言，未来发展的战略意义却非常重大：首先，北极天然气资源十分丰富；其次，开发北极天然气可以帮助中国企业提升技术含量；再次，北极天然气开发正处于起步阶段，在产业刚开始建立时，需求低、投资大、成本高，但竞争对手少、竞争压力小、易于建立优势；然后，北极油气开发需要加大基础设施建设力度，改善周边炼油厂、液化天然气厂和仓储设施的布局，这将有助于实现公司的整合和促进公司发展全球化战略。

11.2.2　中国开发北极天然气的可行性

第一，中国参与了《联合国海洋法公约》和《斯瓦尔巴条约》，是被两大合约承认的缔约国，所以中国在参与开发北极天然气项目时受到了国际法的保护和支持，不必担心受到相关法律的制约。

第二，中国参与了和俄罗斯共同开发的亚马尔液化天然气项目，已经开通了东北通往北极的航道，这表明中国已经拥有了通往北极的航道，无论是生产成本还是运输费用都因此大大降低了。

第三，中国是北极理事会的成员，这使中国公司可以在第一时间获取北极相关政策的最新变化情况，并在第一时间做出调整反馈，同时知悉北极其他国家的想法，增进对北极当地居民的了解，以便及时做出相应的调整，降低项目的社会风险。

第四，中国拥有大量的劳动力，在天然气开发初期的基础设施建设方面有明显优势。

第五，北极天然气资源目前尚未得到开发，发展水平低，天然气市场分离主义也尚未形成，现在正是中国公司进入北极开展天然气开发项目的重要战略机遇期。

11.3　中国开发北极天然气的制约因素

11.3.1　北极地缘政治格局的制约

自进入 20 世纪 70 年代以来，全球变暖导致了北极冰山逐渐消融，海平面缓慢上升，北极地区的环境因此发生了较大的变化,影响了整个北极地区的国际关系。随着北极地区逐渐被开发,能源资源利益与战略意义显得尤为重要,北极的国家先后引进北极国家级政策,指导北极事务,利用政治、经济和军事等多种手段加强对北极地区资源的掠夺和占领。北极的一些国家想要把其他非北极国家排除在外,以防其他国家影响自己的利益。在这方面,北极的国家表示,非北极国家在2011年后申请加入北极理事会成为观察员时要承认和尊重北极国家的主权利益以及管辖权。北极国家表现出的排外行为意味着中国在申请进入北极理事会时将要面临更高的风险,承担更多的义务。与此同时,其他与中国存在竞争关系的国家也在密切关注着中国的动向,例如与中国相邻的大国印度,其希望通过与北极国家合作,从而达到压制中国的目的。此外,日本也对中国虎视眈眈,一直与其他东南亚国家以及美国保持着外交合作关系,并试图与中国建立"外交圈子"。这些国家都积极关注着北极事务,这将在很大程度上制约着中国进入北极地区实现自身利益。

11.3.2　外界对中国错误认知的制约

外界对于中国将要参与开发北极天然气事务存在很多误解,其中最主要的因素在于外界对于中国将要参与北极事务的开发后果存在着错误的认知。琳达·雅各布森写的《中国为无冰的北极进行准备》可以明显体现出外界对于中国参与北极事务的看法,他们认为中国是为了参与开发北极的能源资源,获得在北极地区的政治以及经济利益。甚至有些外界媒体将中国污蔑为侵略者,这些危言耸听的报道将会使其他国家对中国产生很大的误解,还将极大地影响着中国参与北极事务的进展,给中国带来负面的影响。中国在加入北极理事会成为观察员之前就曾遭到俄罗斯的强烈反对,这就是外界对中国的错误认识的直接体现。

11.3.3 中国地理位置的制约

中国的地理位置对于中国参与北极事务有着一定影响，因其距离北极较远，这限制着中国参与北极事务，开发北极天然气。中国远离北极，导致中国虽然十分关注北极事务，但是参与北极事务的时间相对较晚。比较而言，其他更靠近北极的国家在地理位置上占据了优势，他们较中国可以更快地响应北极事务的号召，这给中国参与北极事务和开发北极天然气带来了不利影响。

在参与北极事务时，各个国家都会考虑到距离对于国家参与北极事务的影响，这就类似于声音随着距离和时间的增加，将会渐渐减弱直至消失一样。这种现象用专业术语来说就是力量功率梯度损失，扩展越强大，强度就越弱，距离产生的摩擦损失也会削弱力量的强度。可见，与北极的距离对中国参与北极事务产生了很大影响。

11.4 促进中国开发北极天然气的对策

11.4.1 中国从战略层面部署合作

中国参与开发北极天然气将会增加中国进口渠道，减少对单一运输渠道的依赖，为维护国家能源安全提供有力的保障。

国家能源署曾经预测：随着全球对能源资源需求的持续上涨，未来常规的天然气资源将会消耗殆尽，而此时，北极所拥有的数量巨大的天然气能源资源将会变得尤为重要。意识到这个问题之后，越来越多的国际公司已经将开发北极天然气作为了公司未来发展的主要方向。随着这个趋势的发展，中国公司也必须将开发北极天然气尽快纳入未来的规划中，尽快提升自身的能力和经验技术，拥有属于自己的竞争优势，从而积极加入开发北极天然气的"潮流"之中。

北美地区的国家自身有着非常丰富的天然气储备资源,所以对北极天然气资源的依赖程度较小,并且出于保护环境的目的,他们对于开发北极天然气的意愿没有那么强烈。所以中国更适合与俄罗斯、冰岛以及挪威等北极国家进行合作,原因是这些国家或多或少地处于欧债危机的影响中,迫切需要改善自身的处境。此外,这些国家对于开发北极天然气一直保持着高涨的热情,中国与这些国家合作成功率会很高。

冰岛、俄罗斯以及挪威分别提供了很多有力政策和条件。冰岛在2013年1月发布了北极海上天然气的勘探许可证,这意味着冰岛希望与其他国家合作开发北极天然气。俄罗斯出台了政策,免除了北极出口的部分税费,实现了矿税分级。挪威则创造了历史新高,颁布了包括巴伦支海以及挪威海等51个油气地区的生产许可证。这些有力政策和措施为中国与他们合作开发北极天然气提供了便利。并且,中国与这些国家的关系非常友好:中冰关系在不久前已经达到了新的高度,中挪的双边关系目前也呈现一片大好的前景,中俄两国一直存在着多方面的贸易和政治友好往来。2017年的中俄亚马尔液化天然气项目已足以证明两国对于共同开发北极天然气的友好愿望。这为中国与这三个国家合作开发北极天然气奠定了良好的基础。

11.4.2 成立专门机构负责相关开发事项

从国家层面开展北极事务战略合作将会对中国开发北极天然气带来很大帮助。之前外界对中国参与北极事务产生了错误的看法,所以中国需要向那些产生误会的国家表明中国的北极战略,清楚地表达中国对于参与北极开发事务的相关需求,及时声明中国的立场,表明中国希望为北极天然气开发等北极事务提供帮助,消除外界对中国的误解,创造良好的国际舆论环境以保证中国参与北极事务能够得到其他国家的认可。同时，中国需要适时出台相关的政策，明确自身方向，为国内公司提供良好的条件，以确保参与北极天然气开发的项目能够长期稳定的开展下去。

中国国家海洋局的极地考察办公室目前是负责管理中国北极事务的机构，中国需要成立一个级别更高、权利更大、目标性更强的全新机构来负责管理中国参与北极事务的一切活动。这个专属部门必须同时兼顾国家安全、外交、北极资源、环境、贸易以及运输航道等诸多方面的问题。在这一点上中国可以向已经成立了北极联邦特别委员会的俄罗斯多多学习借鉴。

11.4.3 进一步扩大亚马尔液化天然气项目

中国与俄罗斯成立的亚马尔液化天然气项目在2017年12月已经正式投入生产。这个项目由中国石油天然气集团公司、中国丝路基金、法国道达尔公司和俄罗斯诺瓦泰克公司三个国家的四个公司机构共同投资开展。中石油俄罗斯国际公司负责人表示：中国有市场，俄罗斯有足够的资源，中国市场需要进口资源，俄罗斯资源需要寻找市场，中俄优秀合作是天然的补充。亚马尔项目获得了超过190亿美元的国际融资，其中有120亿美元是由中国出资的。

大规模的上游投资和开发项目将天然气开采、天然气处理、液化天然气制造和销售以及船运融为一体，计划年产天然气250亿立方米，年产液化天然气1650万吨。

亚马尔液化天然气项目帮助中国和俄罗斯进一步加强了在能源战略上的合作，开启了崭新的篇章。俄罗斯诺瓦泰克公司总裁表示："中国和俄罗斯在合作上有着前提基础，已经建立了很多开发的基础设施，这个项目对两国也有着重大意义，期待与中石油公司进行更深入、更有成效的合作。"

11.4.4　积极参与改善北极气候

全球气候变暖导致北极冰川缓慢融化,中国在参与开发北极天然气的同时,也应注意到气候变化以及环境治理问题。目前,全球各个国家都在密切关注着北极的气候变化,随着极地冰雪以及海洋冰层的融化,地表裸露吸收了更多的太阳辐射和热量,从而加速全球气候变暖。中国是北极理事会的观察员国之一,所以更应该积极参与到保护北极环境、减缓全球变暖的行动中去,为北极地区科学应对气候变化提供必要的信息和方法,并协助当地居民利用低碳方式改善生计,以促进北极的可持续发展。

11.4.5　开发北极航线并加大极地技术研发

北极航线由加拿大沿岸的"西北航道"和西伯利亚沿岸的"东北航道"构成。北极航线在保障国家能源安全、促进资源开发、降低物流成本、衍生旅游价值、建立新的国际航运中心等方面的促进作用和重要意义不言而喻,其最终成果值得期待。

近年来,随着全球气候变暖,北极部分海域融冰增多,在夏季的一段时间内北极地区处于可通航状态,这使得开辟北极东北航道成为可能。东北航道是北欧、东欧及西欧地区连接东亚的最短航道,比传统的马六甲海峡、苏伊士运河要缩短三分之一的航程,被称为连接亚欧的"黄金水道"。中国如果能够开通通往北极的航道,将使运输时间缩短25%到55%。在开发北极航道的同时,中国应加大极地勘探开发技术的研发,保证天然气开发能够顺利进行。

12 中国天然气进口空间格局评估及优化路径

12.1 中国天然气进口空间格局评估指标

目前对中国天然气进口空间格局的研究主要集中在进口通道、市场份额、进口来源国及对其依赖性、进口供应安全的现状、问题、对策等方面。本章通过综合利用各项指标，全面深入地分析中国天然气进口空间格局的演进及优化情况，并与日本、韩国进行动态比较，把握中国天然气进口的空间格局特征，发现中国天然气进口市场结构的缺陷，明确进口空间格局的变化是否有利于天然气持续、稳定、安全进口，并探寻进口空间格局优化的路径方向，为基于进口市场结构优化视角的天然气供应安全政策提供参考依据。

本节将采用市场占有率（s）、多样性指数（H）、进口市场结构与出口国比较优势的匹配度（ρ）、进口治理安全指数（G）4个指标，测算并分析中国天然气进口空间格局的演进及优化情况。

12.1.1 市场占有率（s）

进口市场结构不仅表明了进口商品的来源，还表明了世界各个国家或地区在进口市场中的地位。进口市场占有率，也称市场

份额,即各个国家或地区对进口国出口的商品数量或金额在进口国进口总量中的占比,其计算公式为:

$$s_{it} = X_{it} / \sum_{i=1}^{n} X_{it}$$

上式中,X_{it}为i国对进口国的出口量,i为进口来源国,t表示时期,n为进口来源国的个数。s取值范围为[0,1]。一个或某几个国家在进口市场中所占份额越大,则进口市场结构越集中。反之,若所有国家所占份额均较小,则进口市场结构较为分散。

12.1.2 多样性指数(H)

评估市场结构多元化程度的指标主要有集中度指数、多样性指数及均匀度指数等。借用信息论中不定性的研究方法,多样性指数是被用来度量系统结构组成复杂程度的指数,多样性指数最先被用于景观生态学。曹旭平、沈洁(2009)将多样性指数用于量化产品出口市场结构分析,魏浩(2014)将多样性指数应用于中国进口商品的市场结构分析,进口市场多样性指数的具体公式为:

$$H = -\sum_{i=1}^{n} s_{it} \log_2 s_{it}$$

其中i、n及s_{it}的含义与上文相同。H值越大,表示进口来源国个数增加或既定进口来源国所占的市场份额趋于相似。当进口来源国个数一定时,H值越大,表明这些进口来源国占进口国市场的份额趋于平均,进口空间格局趋向更加分散,进口市场多元化战略取得成效;反之,H值变小,表明进口市场结构趋向更加集中于既定的几个国家,各国所占市场份额差距扩大,进口空间格局趋于集中。

12.1.3 进口市场结构与比较优势匹配度（ρ）

根据李嘉图（1817 年）比较优势理论：两国间劳动生产率处于绝对优势的国家，应集中力量生产并出口绝对优势较大的商品，处于劳动生产率绝对劣势的国家，应集中力量生产并出口劣势较小的商品，这对进口国、出口国及全世界而言都是有益的。测量一国产品出口比较优势最常用的指标为显示性比较优势指数（Revealed Comparative Advantage Index，RCA），是指一个国家某种商品的出口额占其出口总值的份额与世界出口总额中该类商品出口额所占份额的比率，用公式表示：

$$RCA_{ij} = \frac{X_{ij}/X_i}{X_{wj}/X_w}$$

公式中 X_{ij} 表示国家 i 出口产品 j 的金额，X_i 表示国家 i 的总出口值，X_{wj} 表示世界出口产品 j 的金额，X_w 表示世界总出口值。某国某产品 RCA 值大于 1，表示该国的此产品在国际市场上具有比较优势，具有一定的国际竞争力；某国某产品 RCA 值小于 1，则表示该国的此产品在国际市场上不具有比较优势，国际竞争力相对较弱。

从进口国的视角来看比较优势原理，进口国应该更多地从具有比较优势的国家进口产品。因此，在分析进口市场结构是否优化时，可以用进口来源国的市场份额与该国此商品的比较优势的相关程度来表示，即进口市场结构与比较优势匹配度（P）。如果两者的相关程度提高，说明进口国的进口市场结构朝着与各出口国的比较优势更为一致的方向变化，进口空间格局得到优化；反之，如果两者的相关程度降低，说明进口市场结构恶化。

12.1.4 进口治理安全指数（G）

天然气进口来源国的政治稳定性影响到进口国的进口安全。

张珺（2015）将进口来源国的政治稳定性纳入天然气供应安全指数中。本章在此基础上选取了全球治理指数六个参数中对进出口贸易有密切影响的四个参数，分别是政治稳定性和不存在暴力、政府效率、规管质量、法治，并将其应用于中国进口天然气的市场结构分析中，构建进口治理安全指数 G，以衡量天然气进口供应的治理安全水平，具体公式为：

$$G = \sum_{i=1}^{n} s_{it} g_{it}$$

其中 i，n 及 s_{it} 的含义与上文相同。g_{it} 表示 i 进口来源国 t 年的治理安全水平，数据来自世界银行全球治理指数数据库。G 的取值范围是 [0，100]。G 值越大，说明从治理安全水平高的来源国进口越多，有利于进口安全稳定，供应风险相对越小；反之，G 值越小，说明进口供应面临政治风险越大。

12.2 中国天然气进口市场结构评估

12.2.1 多样性指数（H）比较分析

根据上文进口市场结构多样性指数（H）的公式，计算得出 2007 年至 2014 年中国、日本及韩国的天然气进口市场结构多样性指数，见图 12.1。

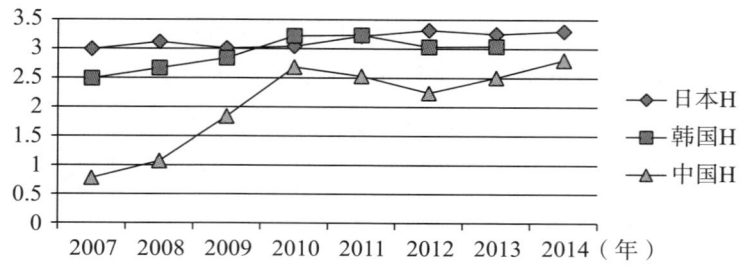

图 12.1 2007—2014 年中日韩天然气进口市场多样性指数

从 2007 年开始，中国天然气进口市场多样性指数呈现波动式上升的态势，一方面是因为中国的天然气进口来源国数量稳步增加，另一方面是因为进口来源国在中国的市场份额趋向于均等。天然气进口来源过度集中于某几个国家的空间格局得到改善，进口市场结构更加分散，有效降低了天然气进口市场过度集中的风险，从进口来源多元化角度来看，天然气进口风险有所降低。

与日本、韩国相比，一方面中国的天然气进口市场多样性指数水平一直相对落后，这反映了中国在积极开拓天然气进口市场方面相对比较滞后；另一方面与日本及韩国的多样性指数差距呈现不断缩小的趋势，表明随着中国在周边绘制的天然气输入网络的逐步改进和完善，中国天然气进口市场多元化战略的实施取得了一定成效。

12.2.2 进口市场结构与比较优势匹配度（ρ）比较分析

根据上文中的进口市场结构与比较优势匹配度指数（ρ）计算公式，计算得出 2007 至 2014 年中国、日本、韩国的天然气进口市场结构与比较优势匹配性指数情况，见图 12.2。

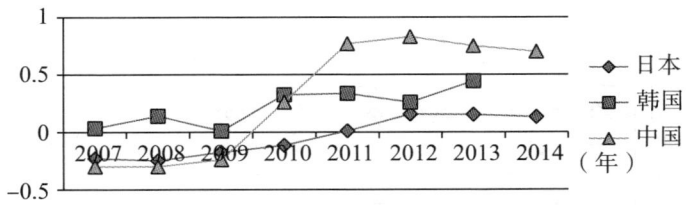

图 12.2　2007—2014 年中日韩天然气进口市场结构与比较优势匹配度指数

2007 年至 2009 年匹配指数为负值，表明中国天然气进口市场结构没有与世界各出口国天然气比较优势相匹配。2010—2012年，匹配度为正值并出现快速提升是因为第一、二大进口来源国土库曼斯坦、卡塔尔的天然气比较优势十分突出，表明中国更多地从具有天然气出口比较优势的国家进口天然气，天然气进口空间格局不断优化。2013年至2014年，匹配度指数有所下降，这是因为虽然这两年新增加的进口来源国（比如挪威、文莱）的天然气出口比较优势非常高，但在中国的天然气市场份额并不高。

与日本、韩国相比，2010年中国的匹配度指数超过日本，2011年之后，一直保持匹配度指数高于日本、韩国的状态。主要原因是天然气出口比较优势十分明显的土库曼斯坦从2010年开始大量出口管道天然气到中国，并且其市场份额从2011年开始逐年提升，另外中国从2012年开始从具有明显比较优势的乌兹别克斯坦进口管道天然气。相比日本及韩国，中国具有毗邻天然气资源丰富的中亚国家并与中亚国家合作进行了天然气管道的铺设和运行的优势，在匹配度指数方面超越了日本、韩国。

12.2.3 进口治理安全指数（G）比较分析

根据上文的进口治理安全指数 G 公式，计算得出 2007—2013 年中国、日本、韩国的天然气进口治理安全指数情况，见图 12.3。

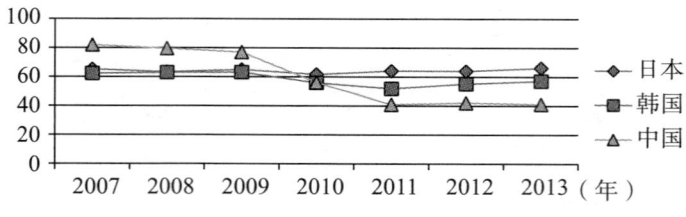

图 12.3　2007—2013 年中日韩天然气进口治理安全指数

中国治理安全指数整体呈现不断下降的态势，特别是 2010

年和2011年的治理安全指数降低，究其原因，主要是中国从治理安全水平偏低的中亚国家进口的天然气份额比较高。

与日本、韩国相比，中国治理安全指数近几年偏低的原因除了上述中亚因素的影响，还缘于日本、韩国更加青睐从治理安全水平高的澳大利亚、卡塔尔等国进口天然气，治理安全指数偏低的非洲国家在日本、韩国的天然气进口市场份额很低。

12.3　中国天然气进口市场结构优化路径探讨

借鉴进口市场结构与比较优势匹配度指数及进口治理安全指数的思路，中国应当更多地从具有天然气出口比较优势和治理安全水平较高的国家进口天然气。本章选取2014年天然气比较优势指数大于1的出口国，综合分析这些国家的比较优势、治理安全水平及其在中国的市场占有率，如表12.1所示，分别就液化天然气和管道天然气在其进口空间格局优化路径方面进行探讨。

表12.1　2014年土库曼斯坦等19国天然气进口市场份额、比较优势、进口治理安全指数

国家	S	RCA	G
土库曼斯坦	43.74%	48.13	17.92
卡塔尔	15.71%	27.54	82.71
澳大利亚	8.90%	4.21	92.75
马来西亚	6.99%	4.53	66.59
印度尼西亚	5.96%	6.32	39.31
缅甸	5.14%	8.96	8.43
乌兹别克斯坦	4.17%	15.5	14.74
也门	2.39%	24.12	12.29
赤道几内亚	1.67%	10.02	16.48

续表12.1

国家	S	RCA	G
尼日利亚	1.00%	7.01	14.43
哈萨克斯坦	0.68%	1.51	34.41
巴布亚新几内亚	0.67%	9.16	26.2
阿尔及利亚	0.55%	18.12	21.31
俄罗斯	0.30%	3.59	31.82
阿曼	0.30%	5.98	64.4
挪威	0.29%	15.74	96.9
埃及	0.28%	1.52	21.79
文莱	0.27%	30.56	78.1
特立尼达	0.26%	17.16	55.62

在液化天然气进口方面，挪威、文莱的天然气出口比较优势水平很高，并且其进口治理安全指数也比较高，然而他们在2014年才与中国建立天然气贸易联系，并且在中国天然气进口的市场份额都不足0.3%。随着北极航道的不断开发及运行，从挪威大规模进口天然气的可行性提高，并具有很大贸易潜力，不仅可以缩短运输距离，节省大量的运输时间与成本，还可以避免在传统运输线路上遭遇索马里海盗的风险。未来中国应该重视并积极培育与挪威、文莱的天然气贸易往来，以充分有效利用全球天然气资源。卡塔尔与澳大利亚的天然气比较优势和治理安全指数也比较高，未来应该巩固与他们的天然气贸易合作。除卡塔尔外的中东其他国家和非洲天然气出口国虽然具有一定的比较优势，但其治理安全指数偏低，加之运输距离相对遥远导致成本价格偏高，因而在未来的天然气进口来源安排及空间格局规划上，不把其作为重点市场进行培育，但要注意及时防范、规避和化解可能出现的风险。

在管道天然气进口方面，中亚国家的治理安全指数偏低，但鉴于其具有较高的比较优势及运输距离近等优点，应该将其继续作为中国天然气进口的重点来源国，特别需要加强对"三股势力"、政府效率偏低、法治不规范等可能造成的风险进行及时有效的防范。缅甸至中国的天然气管线已经开始运营输气，俄罗斯也与中国签署了从 2018 年开始向中国输气的协议，他们在中国未来天然气进口市场中的地位将越来越重要。

为长期、持续地利用国际天然气资源，中国应从战略性高度对待天然气进口空间格局优化问题，重视并实施有重点的天然气进口市场多元化战略，继续完善西北、东北、西南和海上四大天然气战略进口通道建设。积极开拓和培育新的进口渠道，避免因过分依赖单一进口市场而带来的风险。同时，还应加强与出口国的天然气勘探开发合作，以保障天然气的供应安全。

参考文献

[1] 王红蕾，吴晶妹.国家风险测评方法研究［J］.经济经纬，2008（3）：143-145.

[2] 张金杰.国家风险的形成、评估及中国对策［J］.世界经济与政治，2008（3）：58-64.

[3] 杨建红，孙洪磊，王波.我国大力发展天然气的风险因素评估和建议［J］.国际石油经济，2014，22（6）：13-21.

[4] 王宁，桑广书.中国天然气进口的空间格局分析［J］.世界地理研究，2010，19（2）：148-154.

[5] 何春蕾，周国栋，姜子昂，等.全球环境下的中国天然气供应安全［J］.天然气工业，2010，30（1）：123-126.

[6] 刘小丽.中国天然气市场发展现状与特点［J］.天然气工业，2010，30（7）：1-6.

[7] 陆家亮.中国天然气工业发展形势及发展建议［J］.天然气工业，2009，29（1）：8-12.

[8] 余莉.中国自海合会国家进口天然气的现状与前景［J］.国际石油经济，2005，19（10）：67-71.

[9] 姚震.中澳液化天然气项目合作现状与挑战［J］.中外能源，2015，20（4）：16-22.

[10] 单长进，庄妍.巴布亚新几内亚油气勘探开发现状及投资环境分析［J］.国际石油经济，2013，21（3）：67-71.

[11] 李昕.中俄油气合作新发展的特征、动因及影响探析［J］.

国际论坛，2016，18（1）：33-40.

[12] 程欣，帅传敏，严良，等.中国铁矿石进口市场结构与需求价格弹性分析［J］.资源科学，2014，36（9）：1915-1924.

[13] 邓冰洁.天然气价格弹性实证研究——以上海市为例［J］.现代经济信息，2016（4）：494-495.

[14] 张宝成，马宝铃，郜峰.液化天然气市场的"亚洲溢价"问题分析及对策［J］.天然气工业，2015，35（7）：110-114.

[15] 张寒，赵青，李周.中国原木进口需求弹性——基于月度时间序列的DFGLS估计［J］.中国农村经济，2015（8）：67-75.

[16] 童全生.尼日利亚石油与天然气工业概况［J］.中国石油和化工经济分析，2006（18）：44-49.

[17] 宋克农，罗贤成.浅析我国天然气现状和进口前景［J］.城市燃气，2009（9）：23-26.

[18] 田春荣.中国液化石油气生产与进出口现状及展望［J］.天然气工业，2010，30（10）：95-99.

[19] 白桦.中国进口管输天然气的地缘优势［J］.天然气技术，2007（1）：12-15.

[20] 张珺，黄艳.中国天然气供应安全指数构建与建议［J］.天然气工业，2015，35（3）：125-128.

[21] 刘叶琳.天然气进口依存度不断提升［N］.国际商报，2018-04-12.

[22] 王维方，刘爱民，强文丽.中国大豆资源的虚拟土贸易及进口依存度分析［J］.自然资源学报，2011，26（7）：1139-1147.

[23] 杨贵中，陈孝胜.中美间出口依存度、进口依存度的测度与分析［J］.统计与信息论坛，2015，30（11）：38-43.

[24] 陆旸. 我国原油进口依存度的国别差异分析——基于 Armington 模型的实证检验 [J]. 国际贸易问题, 2008 (6): 45-50.

[25] 张抗, 周芳. 美国石油进口依存度和来源构成变化及启示 [J]. 中外能源, 2011, 16 (2): 8-16.

[26] 陆家亮. 进口气源多元化是保障我国天然气长期供应安全的关键 [J]. 天然气工业, 2010, 30 (11): 4-9.

[27] 董桂才. 我国战略性资源进口的依赖性及其对资源供给安全的影响 [J]. 国际贸易问题, 2009 (3): 20-24.

[28] 胡明. 中国与卡塔尔天然气合作分析——基于合作竞争博弈分析 [J]. 现代商贸工业, 2012, 24 (2): 96-97.

[29] 王晓菁. 中国天然气进口价格机制研究 [D]. 北京: 中国石油大学（北京）, 2016.

[30] 天工. 中缅天然气管道贯通 [J]. 天然气工业, 2013, 33 (6): 107.

[31] 寇忠. 中亚油气资源出口新格局 [J]. 国际石油经济, 2010, 18 (5): 39-47.

[32] 王涛, 曹峰毓. 中非天然气合作: 背景、机遇与挑战 [J]. 印度洋经济体研究, 2014 (4): 137-156.

[33] 邓代刚. 浅析中亚地区石油天然气管道工程中几个常见问题及应对策略 [J]. 中国石油和化工标准与质量, 2013, 33 (21): 102.

[34] 赵亚博, 方创琳, 王少剑. 中亚地区油气资源开发及对中国油气进口战略影响的探讨 [J]. 干旱区地理, 2014 (5).

[35] 余晓钟, 高庆欣, 辜穗, 等. 丝绸之路经济带建设背景下的中国—中亚能源合作战略研究 [J]. 经济问题探索, 2016 (1): 149-154.

[36] 蒋焕. 中亚油气合作风险分析及对策 [J]. 石油化工技术与

经济，2014，30（2）.

[37] 王宝龙. 刍议我国与中亚能源合作［J］. 法制与经济，2013（08）.

[38] 杨宇，刘毅，金凤君. 能源地缘政治视角下中国与中亚—俄罗斯国际能源合作模式［J］. 地理研究，2015，34（2）.

[39] 邓秀杰.中国与中亚国家油气合作的机遇与挑战研究［D］.北京：中共中央党校国际战略研究所，2015.

[40] 刘磊.浅论中国与中亚的能源合作［D］. 北京：中国社会科学院研究生院，2010.

[41] 党学博，李怀印.中亚天然气管道发展现状与特点分析［J］.油气储运，2013（7）.

[42] 王保群，林燕红，韩坤.浅谈中亚天然气管道项目特点及管理经验［J］.国际石油经济，2014.

[43] 刘毅军，平金达.西气东输工程筑梦中国清洁能源［N］.中国石油报，2014－04－22.

[44] 陈璐，吴珉颉.中美"百日计划"推动双边液化天然气贸易合作［J］.国际石油经济，2017，25（9）：60－64.

[45] 安润颖，余碧莹.中美页岩气发展现状比较及其启示［J］.中国能源，2017，39（1）：15－19.

[46] 高宪.美国液化天然气出口纵观与展望［J］.中国能源，2015，37（4）：33－37.

[47] 白桦，段兆芳，单卫国，等.美国液化天然气出口前景分析［J］.天然气技术与经济，2014（6）：55－57.

[48] 吴清.美国出口液化天然气的中国机遇［J］.中国石油石化，2013（10）：44－45.

[49] 张正.从1600亿美元"大单"来看中美两国天然气发展与合作［J］.中国电业，2017（22）：15－17.

[50] 刘劲松，刘书秀.中美能源安全态势比较及中国的对策

[J].煤炭经济研究,2017,37(1):34-40.

[51] 董秀成,孔朝阳.基于供应链角度的中国天然气进口风险研究[J].天然气工业,2017,37(5).

[52] 何滔,郭周明.中国天然气供需趋势及进口促进策略研究[J].宏观经济研究,2014(8):26-31.

[53] 李少林,杨蒙,程微雅,等.美国液化天然气出口的经济性及问题分析[J].国际石油经济,2014,22(12):60-64.